**Claus Westermann
Gottes Engel brauchen keine Flügel**

Das Wesen der Engel erfüllt sich in ihrer den Menschen verändernden Botschaft. Der Leser lernt das Staunen, wenn Claus Westermann ihm vor Augen führt, wie allgegenwärtig die Engel in der Bibel sind. Immer wieder ist nach diesem lange vergriffenen Buch des Heidelberger Professors für Altes Testament gefragt worden. Es verbindet in glücklicher Weise wissenschaftliche Genauigkeit mit einer im guten Sinne erbaulichen Darstellung. Der Kreuz Verlag macht es nun in neuer Gestalt der Öffentlichkeit wieder zugänglich. Heute, da wir alle wieder wacher werden für Botschaften, die mehr sind als Nachrichten, ein ebenso aktuelles wie willkommenes Buch.

Claus Westermann

Gottes Engel brauchen keine Flügel

Kreuz Verlag Stuttgart · Berlin

2. Auflage (11.–14. Tausend) 1980
© Kreuz Verlag Stuttgart 1978
Gestaltung: Hans Hug
Umschlagfoto: Werner H. Müller
(Russische Ikone von Nicolai Schelechoff)
Gesamtherstellung: Ebner Ulm
ISBN 3 7831 0535 8

Inhalt

Vorwort zur Neuauflage   7

Erster Teil

Die Boten und ihre Botschaft   9
Gibt es überhaupt Engel?   15
Die Ankündigung   19
Die Flügel des Engels   22
Das weiße Gewand   25
Der Schutzengel   29
Der Engel der Schiffe   32
Engel mit Schwert   36
Musizierende Engel   40
Der Engel und die Eselin   41
Schön wie ein Engel   43
Die Freude der Engel   46
Er kommt von einer anderen Welt   47
Der Todesengel   48

Zweiter Teil

Zwei Botschaften von der Rettung   50
Die Gesandten Gottes   65
Warum fragst du nach meinem Namen?   71
Der Begegnende   74
Der englische Gruß   79
Das Fortgehen des Engels   83
Die Diener Gottes   88
Engel des Geleits und der Bewahrung   100
Die Engel und Jesus Christus   104
Die Engel bei der Geburt   105

Die Engel bei der Auferstehung	107
Die Engel beim Wiederkommen des Herrn	109
Der Deute-Engel	115
Zum Abschluß	124

Vorwort zur Neuauflage

Würde man mich fragen: Haben Sie schon einmal einen Engel gesehen?, so würde ich dem Fragenden darauf keine ihn befriedigende Antwort geben können. Wäre die Frage aber: Ist Ihnen schon einmal ein Bote Gottes begegnet?, so wäre meine Antwort ein eindeutiges Ja. Die Bibel redet nicht deswegen von Engeln oder besser von Boten Gottes, weil sie von uns verlangt, außer an Gott auch noch an Engel zu glauben. Sie redet von ihnen, damit uns Gott näher komme. Denn die Geschichten der Bibel, in denen von einem Engel erzählt wird, wollen nichts weiter als die Erfahrung derer weitergeben, denen in einer besonderen Stunde, in großer Spannung oder großer Gefahr, Gott so nahe kam, daß sie in einem Menschenwort das Wort eines Boten Gottes hörten, daß sie in einer helfenden Hand die von Gott geschickte Hilfe erfuhren.

Es ist lange her, daß dieses Büchlein zuerst erschien. Ich stand damals am Anfang und stehe jetzt am Ende meines Amtes als Hochschullehrer. Ich habe meine Zustimmung zu dem Neudruck gegeben, weil mir scheint, daß wir noch weit davon entfernt sind, wieder zu verstehen und zu bejahen, was die Bibel mit dem Reden von Engeln meint. Weil die Bibel damit das unsere Erde berührende Reden und Handeln Gottes meint, ist es nichts Nebensächliches. Es bewegt mich heute wie damals, daß die alten Erzählungen von der Begegnung eines Boten

Gottes alle ihren Schauplatz im Alltag haben: auf dem Weg, im Haus, auf dem Acker, am Arbeitsplatz, im Zimmer. In diesen Erzählungen sind Erfahrungen einfacher Menschen aufbewahrt, zu denen ein Wort von Gott oder die Wende einer Not gerade nicht auf eine übernatürliche, wunderhafte Art, sondern aus ihrer alltäglichen Umgebung kam, im Rahmen ihres normalen Erfahrungshorizontes.

Das Büchlein möchte zum Weiterdenken in dieser Richtung anregen. Vielleicht hilft es dazu, dem ein wenig erwartungsvoller zuzuhören, was die Bibel von den Engeln erzählt.

Claus Westermann

ERSTER TEIL

Die Boten und ihre Botschaft

*Käme kein Engel mehr,
dann ginge die Welt unter.
Solange Gott die Erde trägt,
schickt er seine Engel.
Die Engel sind älter als alle Religionen –
und sie kommen auch noch zu den Menschen,
die von Religion nichts mehr wissen wollen.*

Es ist ein Segen, daß sie sich nicht darum kümmern, was die Menschen von ihnen denken, ob die Menschen an Engel glauben oder nicht. Sie können sich gar nicht darum kümmern, denn ihr ganzes Sein ist Auftrag. Der Engel kommt ins Sein mit seinem Auftrag, er vergeht mit der Erfüllung seines Auftrags, denn seine Existenz ist Botschaft.

Diese Sätze wollen nicht etwa das Sein der Engel erklären. Es ist gut, daß wir das nicht können. Die Worte wollen nur die Versuche abwehren, das Sein der Engel in menschliche Maße und Begriffe zu fassen.

Von dem merkwürdigen Sein der Engel merkt man etwas, wenn man darauf achtet, wie die Menschen heute von ihnen reden. Sie glauben nicht mehr an Engel, schon jahrhundertelang nicht mehr, aber sie reden von ihnen, als seien sie da.

Es steht damit ähnlich wie mit dem Reden von

Gott. Von Gott wird geredet werden, solange die Erde steht, und keineswegs nur von denen, die an ihn glauben. Gott kann man zwar nicht ersetzen, aber die Worte von Gott kann man ersetzen, ja sogar den Namen Gottes. Reden wird man immer von ihm, von den Engeln aber noch mehr. Die Engel sind Gottes Möglichkeit oder verkörpern Gott in seinen Möglichkeiten für uns. Was wäre die Welt ohne Gottes Möglichkeiten! Es kann kein Mensch leben ohne sie, keine Epoche hat Sinn ohne Gottes Möglichkeiten in ihr und mit ihr.

Der Engel ist Gottes Bote. Doch warum braucht Gott eigentlich Boten? Natürlich hat er keine nötig. Aber trotzdem, sie haben einen so wichtigen Platz in dem, was Gott tut, daß wir ruhig sagen können: Gott braucht sie. Wann wird ein Bote gebraucht? Als der Läufer von Marathon zum Boten des Sieges wurde, brauchte das Heer der Griechen einen, der schneller war als das Ganze. Auch der Heerführer selbst konnte nicht Bote werden, er mußte dableiben in seinem Amt. Ein Heerführer kann nicht zugleich Bote sein. Der Bote muß bereit sein, jeden Augenblick loszulaufen.

Vielleicht ahnen wir bei dieser Überlegung, warum Gott Engel schickt.

Die Boten der letzten Kriege waren die Melder. Merkwürdig, daß hier ein verbaler Begriff neu gebildet wurde! Ein Bote paßte nicht in die Kriege des 20. Jahrhunderts. Nachdem der Bote einmal mit dem Wort Post verbunden war, konnte er sich für unsere Kriege nicht mehr eignen. Darum ist es auch gut, daß der Bote Gottes bei uns Engel heißt. Bei »Bote« denken wir unweigerlich an den Post-Boten.

Die Melder des letzten Krieges haben alle etwas vom Marathonläufer behalten. Ich meine nicht wegen der Schnelligkeit, wohl aber in der geheimnisvollen Notwendigkeit. Man fragt sich bei dem Marathonläufer: Warum hat er sich eigentlich totgelaufen? Es gibt eben Nachrichten, die sind so, daß sich einer darum totlaufen kann. Es kommt offenbar auf das Gewicht einer Botschaft an. Manche Botschaften haben es in sich. Es gibt Botschaften, die erwecken sich ihre Boten.

Bei den Kradmeldern des letzten Krieges machte es einen Teil ihrer Würde aus, daß sie nötig waren trotz aller technischen Nachrichtenmittel. Das ist wieder so ähnlich wie bei den Engeln Gottes. Gedanklich sind sie unnötig. Gott braucht »natürlich« keine Engel, weil er ja allgegenwärtig ist. Wenn er überall ist, braucht er keine Boten zu senden. Er *sendet* aber Engel. Wo unsere Begriffe von Gott aufhören, fangen die Botschaften der Engel an.

In allen Botschaften geht es um Überbrückung von Abständen. Bei den Engeln Gottes geht es um den größten aller Abstände: Die Engel haben die Gottesferne zu überbrücken, diese schafft das Gefälle, das ihre Botschaft nötig macht. Wir können das Fernsein Gottes nur mit Begriffen des Raumes zum Ausdruck bringen. Die Psalmen fragen: Warum bist du ferne? und bitten: Steh auf, komm zu uns, nahe dich uns, neige dich zu uns oder ähnlich. Wir wissen aber, daß diese räumlichen Begriffe dem nicht wirklich angemessen sind, was wir mit dem Fernsein Gottes meinen. Wenn die Engel Gottes Boten sind, so ist dabei die räumliche Vorstellung noch verstärkt, denn ein Bote ist ja dazu da, eine Entfernung im Raum zu überbrücken. Wie ein Bote von Gott die *räumliche* Entfernung zwischen einem Ort Gottes und einem Ort der Menschen überwindet, können wir uns nicht vorstellen, wir können es auf gar keine Weise darstellen, denn die räumliche Ferne Gottes ist nicht die wirkliche Gottesferne. So können wir schon von vornherein sagen, daß eine Vorstellung und eine Darstellung von Engeln, die eine Überwindung des räumlichen Abstandes betont, zum Beispiel der geflügelte Engel, sofern die Flügel das Zurücklegen des Weges von Gott zu den Menschen bedeuten sollen, dem wirklichen Wesen der Boten Gottes nicht gemäß ist. Boten sind neutral. Wenn ein Bote kommt, weiß man noch nicht, was er bringt. Er muß erst reden. Bei uns heute sind die Boten noch neutraler geworden. Sie reden nicht einmal, sie geben nur etwas ab. Dem Öffnen des Mundes und dem Reden des Boten in der alten Zeit entspricht heute das Öffnen und Lesen des Briefes, das Aufreißen des Telegramms, das Entschlüsseln des Code. Damit erst löst sich die Spannung, die das Ankommen des Boten schuf. Jede wirkliche, starke Spannung spannt uns ein in eine Alternative, ein Ja oder Nein, Wohl oder Wehe, Heil oder Unheil, Freiheit oder Fessel, Atmen oder Angst.

Der Marathonläufer brachte eine Freudenbotschaft, er kündete Sieg. Aber so harmlos sind Engel nicht, daß sie nur Freude brächten. Das wäre kein Gott unserer Welt, der nur Freude zu künden hätte. Auch für Unglücksboten gibt es ein klassisches Beispiel: die Überbringer der Hiobspost. Man muß diese Worte nachlesen im zweiten Kapitel des Buches Hiob in ihrer schaurigen Monotonie. Monotonie, wo sie echt ist, ist Widerhall von Tod oder von Ewigkeit; Langeweile ist in sich zusammengefallene Monotonie.

Diese Häufung von »Hiobsposten« an jener Stelle hat aber auch einen ganz leicht, ganz verborgen ironischen Klang. Ein nüchterner Leser wird sagen: Etwas übertrieben, ganz so schnell wird das wohl nicht gegangen sein. »Noch sprach dieser, da kam schon ein anderer und meldete...« Das ist natürlich stilisiert. Diese Darstellung will auf eine Grenze hinweisen. Der Horizont unseres Menschseins faßt immer nur ein gewisses Maß von Unglück. Wird dieses Maß überschritten, so reagiert der zu viel geschlagene Organismus, sofern er weiterlebt, mit Abstumpfung oder Irresein. Hiob setzt dem drohenden Zusammenbruch das einzige entgegen, was hier noch hält: das Lob des Gottes, der gibt und nimmt. Das Loben Gottes vermag Mauern gegen vorbrechende Sinnlosigkeit zu bauen. Es ist ein Unterschied, ob einer von einem Unglück überfallen oder ob es ihm angekündigt wird. Den Unheilsbotschaften hat Hiob standgehalten. Dann kam die Krankheit, die ihn schlug oder mit der er geschlagen wurde. Auch diesen Schlag parierte er noch. Dann aber kam die Aussichtslosigkeit der fressenden Seuche, das langsame, qualvolle Sterben bei lebendigem Leibe. Da schreit Hiobs Klage auf.

Eine Unheilsbotschaft setzt immer einen intakten, noch verschonten Raum bei dem, an den sie ergeht, voraus. Ein angekündigtes Unglück setzt voraus, daß der Adressat an einem Ort steht, der jedenfalls noch so sicher, noch so vom Tode frei ist, daß man auf ihm eine Botschaft empfangen und sich mit ihr auseinandersetzen kann. Hierin liegt ein letztes Gemeinsames zwischen Heils- und Unheilsbotschaft; der Vorgang des Empfangens ist der gleiche. Auch der Augenblick des Erwartens der Botschaft im Schwanken zwischen Hoffnung und Furcht ist der gleiche. Er hat eine entfernte Ähnlichkeit mit dem Augenblick, in dem der Richter dem Angeklagten das Urteil verkündet.

Vielleicht sind Heil und Unheil nie so nahe zusammen wie in dem Augenblick des Ergehens einer Botschaft. Zeigt das nicht die seltsame Antwort Hiobs, in der, was der Herr gegeben und was er genommen hat, unheimlich nahe beieinander liegen? Er spricht:

»*Der Herr hat's gegeben,
der Herr hat's genommen.
Der Name des Herrn sei gelobt.*«

In der Botschaft, die noch uneröffnet ist, muß der Empfangende beides erwarten, muß er sich auf das Eintreffen eines Schlages oder einer Freude rüsten! Im Buch Josua ist einmal von einem göttlichen Unglücksboten erzählt. Der Bote hatte dem Volk von Gott auszurichten, daß ein schwerer Rückschlag bei der Einnahme des Landes eintreten werde. Die Botschaft brachte das Volk zum Weinen. Und so tief hat sich das Ereignis in die Geschichte der Betroffenen eingegraben, daß sie den Ort, da das geschah, Bokim, das heißt »die Weinenden«, nannten. Wie bei den Botschaften, die wir Menschen bekommen, der Augenblick des Eröffnens Höhe und Tiefe umspannt, so können die Botschaften von Gott Freude und Weinen anrichten.

Die Propheten sind nichts anderes als Boten Gottes. Sie haben dieselbe Funktion wie die Engel. Sie sind Boten auf ihre Art. Damals war eine ganze Epoche von der Unheilsbotschaft bestimmt. Es ist gewiß kein Zufall, daß damals Gott das kommende Gericht durch Menschen ankündigen ließ. Hier wird es besonders deutlich, daß Boten notwendig waren, damit die Menschen den Willen Gottes verstünden.

Gibt es überhaupt Engel?

Nein, »es« gibt keine Engel. Auch in der Bibel steht nie etwas Derartiges. Oft wird berichtet, und zwar mit einer merkwürdigen Selbstverständlichkeit, daß ein Bote Gottes oder ein Engel Gottes zu einem Mann oder zu einer Frau kam und dann allerlei sagte und tat. Das ist etwas ganz anderes. Nun setze ich mich leider dem aus, daß mancher Leser dies für Haarspalterei hält. Aber ich muß das Risiko auf mich nehmen und kann nur hoffen, daß einige weiterlesen. Noch dazu muß ich, um mich verständlich zu machen, weit ausholen. Was ist das für ein merkwürdiger Ausdruck: »es gibt« – »es gibt nicht«! Einigermaßen verständlich ist er noch in der Frage: Was gibt es heut zu Mittag? Da brauchen wir nicht lange zu suchen, um das wirkliche Subjekt hinter dem mysteriösen »es« zu entdecken. Die Hausfrau oder die Küche oder der Wirt gibt das, wonach wir fragen. Schwieriger wird es schon, wenn wir fragen: Was gibt es für Wetter? Wer ist in diesem Fall der Gebende? Wir denken jedenfalls gar nicht an einen bestimmten Gebenden; gerade das ist ja in dem unpersönlichen »es gibt« so angenehm vermieden. Die Grammatiker reden in diesem Fall von einem »Scheinsubjekt«. Dieser unpersönliche, dieser Scheincharakter des »es« ist am stärksten in den Gesprächen darüber, ob es Engel gibt oder Fliegende Untertassen oder Telepathie. Es wird jeder schon erfahren haben, daß bei solchen Gesprächen wenig herauskommt. Das liegt zum Teil an diesem Ausdruck »es gibt«. Man muß wissen, woher er gekommen ist. Er stammt aus der Kinderstube. Keine Mutter kommt einem einigermaßen lebendigen Kind gegenüber ohne den Verweis »Das gibt es nicht!« aus. Und zwar gebraucht sie ihn nicht nur, wenn die Bitte »Gib mir ...!« vorausging. Der Ausdruck verbietet dem Kind damit auch meist ein Handeln, also irgend etwas, was das Kind jetzt gerade tun will. Dieser Verweis ist einem der stärksten Triebe des ganz kleinen Kindes entgegengesetzt, dem Trieb, ungefähr alles, was es wahrnimmt, haben zu wollen. Hier hat das »es« einen sehr guten Sinn. Das Habenwollen des Kindes ist noch vorpersönlich; es setzt den personalen Vorgang des Gebens und Empfangens noch gar nicht voraus, sondern ist ein durchaus unpersönliches Sich-Aneignen. Von wem, spielt dabei gar keine Rolle. Der typische Ausdruck ist: »Ich will auch...« Dem entspricht das ebenso unpersönliche: »Das gibt es nicht.«

Das ist der Ursprung der sehr erwachsenen und scheinbar klugen Frage: Gibt es Engel? Hinter dieser erwachsenen Frage steht aber immer noch insgeheim der unbegrenzte Drang des ganz kleinen Kindes, das alles, was in seine Reichweite kommt, haben will; das will, daß »es« alles »gibt«.

Diese sprachliche Überlegung will die Frage, ob es Engel gibt, nicht abweisen, sondern richtigstellen. Man könnte ja auch fragen, ob Engel existieren, ob sie da sind. Auch noch die so gestellte Frage nach den Engeln muß verneint werden. Denn den Engeln eignet kein Sein, das dem menschlichen Sein, keine Existenz, die der menschlichen Existenz verglichen, mit ihr unter den gleichen Begriff gebracht werden könnte.

Die Frage »Gibt es Gott?« ist der Wirklichkeit Gottes genausowenig gemäß wie die Frage »Gibt es Engel?« der Wirklichkeit der Engel gemäß ist. Auch wenn die Scholastik die Frage nach dem Sein Gottes damit beantwortete, daß sie Gott »das höchste Sein« nannte, so ist hier Gott in naiver Weise unserem menschlichen Seinsbegriff eingeordnet. Die Frage nach der Wirklichkeit Gottes kann so nicht beantwortet werden.

Dem reinen, dem objektiven Denken sind die Engel so wenig zugänglich wie Gott. Das Sein der Engel oder die Existenz von Engeln kann nicht festgestellt werden. Die Bibel spricht auch niemals vom Sein der Engel oder von der Existenz der Engel an sich. Sie berichtet, daß ein Bote Gottes gekommen ist. Das kann immer nur der bezeugen, zu dem er kam. Das, was uns Menschen vom Engel gegeben wird, das, was »es« von ihm »gibt«, ist immer nur der Berührungspunkt, die Begegnung, das Wort oder die Tat. Eben darin erweist er sich als ein Bote *Gottes,* daß er sich all unserem Begreifen, Festlegen und Einordnen entzieht. Wir können der Engel auf gar keine Weise habhaft werden, weder in einem Begriff noch in einer Vorstellung. In den alten Geschichten von einem Boten Gottes kommt dies darin zum Ausdruck, daß der, zu dem er kommt, ihn erst bei seinem Fortgehen als einen Boten Gottes erkennt. Nicht seine Gestalt, nicht das an ihm Faßbare und Erkennbare macht ihn zum Boten Gottes, sondern allein seine Botschaft.

Gibt es Engel? Nein, so kann nach den Boten Gottes nicht gefragt werden. Schickt Gott Boten zu uns Menschen auf unsere Erde? Ja, das bezeugen die, zu denen sie kamen, durch die ganze Bibel hindurch.

Die Ankündigung

Unser Dasein bewegt sich zwischen den alltäglichen Ereignissen, die einander ohne viel Aufhebens ablösen und von denen die meisten im Unterbewußtsein versinken, und den besonderen Ereignissen, die lange nachher noch spürbar sind. Solche besonderen Ereignisse müssen nicht, aber sie können sich lange vorher ankündigen. Der auffällige sprachliche Ausdruck »sich ankündigen« weist auf eine Schwierigkeit. Ein Mensch kann sich, das heißt sein Kommen, ankündigen, indem er eine schriftliche oder mündliche Botschaft vorausschickt. Wenn wir sagen, daß ein Ereignis sich ankündigt, so kann das nur ein übertragener, uneigentlicher Ausdruck sein. *Sich* ankündigen kann eigentlich nur eine Person. Aber daß dieser Ausdruck gebildet wurde, zeigt doch, daß so etwas möglich sein muß. Er spiegelt eine wirkliche Erfahrung. Ereignisse *können* sich ankündigen oder, wie wir auch sagen, sie können ihren Schatten vorauswerfen. Der Anfang des Romans von Franz Werfel »Die 40 Tage des Musa Dagh« ist ein schönes Beispiel dafür. Es scheint zum Wesen des menschlichen Daseins zu gehören, daß besondere Ereignisse in ihm noch eine andere Dimension haben, die unseren Zeitbegriff durchbrechen. Sie sind nicht erst im Augenblick des Sich-Ereignens, sie sind auf eine unerklärbare Weise schon vorher da. So etwas kommt im Leben eines einzelnen wie im Leben einer Gemeinschaft vor. Dahinter steht offenbar eine Ahnung, daß die Ereignisse in unserem Leben, wenigstens die bedeutsamen Ereignisse, von weither kommen. Sie sind anders als chemische oder physikalische Prozesse. Es ist wahrscheinlich für unsere Zeit typisch, daß die Ahnung von dieser anderen Dimension der Ereignisse heuzutage weithin in die astrologische Neugier abgelenkt ist. Auch hier ist die Voraussetzung anerkannt, daß das sich in unserem Leben Ereignende schon vorher irgendwo feststeht und daß ein Mensch schon vor dem Eintreffen des Ereignisses von ihm Kunde bekommen kann. Die Voraussetzung ist in den Grundzügen die gleiche; erstaunlich ist nur, daß dieselben Menschen, die jene andere Dimension der Ereignisse in unserem Leben nicht mehr mit einem persönlichen, lebendigen Gott in Zusammenhang bringen können, ihr Schicksal im Lauf der Gestirne verankert sehen und von ihnen Ankündigung für die Zukunft erwarten.

Aber wie man sie auch beurteilen mag, die Blüte der Astrologie in unserer Zeit ist ein deutliches Zeichen für einen Mangel, der gerade dort bewußt werden muß, wo das Menschendasein in vielen festgelegten Geleisen läuft. Die Menschen warten auf die Botschaft, einen Engel – und lesen ihr Horoskop. Wenn sie mit großer Hingabe warten, werden sie einmal merken, daß eine Voraussage niemals eine Ankündigung ersetzen kann.

Es hat Voraussagen mancherlei Art gegeben, und es wird sie weiter geben. Die Ankündigung wird das Seltene und Wunderbare bleiben. Es gehört zu ihr, daß mit den Worten, die etwas

Kommendes ankündigen, der gehört wird, der die Botschaft sandte. Eine Ankündigung richtet deshalb auch etwas anderes in einem Menschenleben aus als eine Voraussage. Die Voraussage erzeugt eine Spannung von dem Augenblick, in dem sie vernommen wird, bis zum Eintreffen oder Nichteintreffen des Vorausgesagten. Gibt ein Mensch viel auf solche Voraussagen und versucht er immer wieder, etwas über seine Zukunft zu erfahren, so gleicht sein Leben einer Fieberkurve mit dem Auf und Ab dieser Spannungen. Bei der Ankündigung wird aus dieser Spannung etwas ganz anderes, wenn man dem traut, von dem sie kam. Der die Botschaft empfing, kann in ruhigem Warten auf das zugehen, was ihm angekündigt wurde; und wenn es eingetroffen ist, wird es lange in ihm nachhallen und lange noch an ihm wirken. Das angekündigte Ereignis wird ihn, wenn es eintrifft und wenn er dann zurückdenkt, mit dem verbinden, der ihm die Botschaft sandte. Das Leben eines Menschen, der eine Botschaft empfing, kann man mit der Linie eines Gebirges fern am Horizont vergleichen, einer Linie, die langsam aus der Ebene zur Höhe aufsteigt und allmählich wieder in die Ebene absinkt. So wie es im Neuen Testament von Maria erzählt ist, die in einem einfachen Leben eine Botschaft erhielt, die Verwirklichung des Angekündigten erfuhr und dann wieder in ihr früheres Leben zurückging.

Die Flügel des Engels

Als Jesaja in der Stunde seiner Berufung Gott den Herrn sitzen sah auf einem hohen und erhabenen Stuhl, sah er bei ihm geflügelte Sarafen stehen. Diese geflügelten Wesen gehören in vielen Darstellungen der alten Welt zum Hofstaat Gottes. Es sind nicht die Boten Gottes, die sind nur da in ihrer Botschaft. Die Boten Gottes einerseits und die himmlischen Wesen in Gottes Hofstaat, Sarafen oder Cheruben, oder die ihm dienenden Naturmächte andererseits gehören ganz verschiedenen Vorstellungskreisen an. Sie bilden auch nicht zwei verschiedene Gruppen einer Klasse von Wesen, die man umfassend Engel nennen könnte. So ist es dann allerdings später gekommen: Der Oberbegriff Engel wurde beherrschend, ihm ordnete man die verschiedenen Arten oder Gruppen von Engeln unter. Und damit geschah es, daß alle Engel Flügel bekamen. Die Flügel sind gewissermaßen die Uniform der Engel geworden. Übrigens ist dieser Vorgang für sich schon bemerkenswert. Der Weg des menschlichen Denkens hat durch die Jahrhunderte eine starke Tendenz zu Allgemeinbegriffen hin gezeigt. Wo das einzelne uns fernrückte und seine Umrisse verschwammen, konnte der Menschengeist es nur noch so bewältigen, daß er es einem Allgemeinbegriff einordnete und es darin aufhob im doppelten Sinn dieses Wortes. Dieses Hineinbergen des einzelnen in die Allgemeinbegriffe ist tatsächlich etwas Ähnliches wie das Hineinstecken, das Einkleiden der einzelnen in

Uniformen. Wir brauchen nur an die Zeiten zu denken, in denen solches Hineinstecken der einzelnen in Uniformen überhandnahm, um zu sehen, welche Wirkung das Uniformieren in großem Maßstab hat.

Die Uniform der Flügel also hat den Engeln der Menschengeist gegeben, der sie nicht mehr verstand, weil ihm Engel nicht mehr begegneten. Der Bote Gottes bedarf der Flügel nicht.

Die geflügelten Sarafen und Cheruben aber, tiergestaltig und meist mit dem Körper eines Löwen, gehen Jahrtausende weit zurück und begegnen in einer Fülle uns bis heute erhaltener Darstellungen. Wo sie dargestellt sind, an Tempelwänden, Geräten des Gottesdienstes, an den Thronen von Götterstatuen, weisen sie auf die Nähe des Göttlichen. Jesaja hatte gewiß die Cherubendarstellungen an den Wänden des Tempels von Jerusalem vor Augen, während er das Gesicht des thronenden Gottes schildert.

Es ist kein unbedingter Gegensatz, wenn in unserer Welt die Wesen mit Flügeln im Bereich des Technischen ihren eigentlichen Ort haben. Es besteht ein Zusammenhang zwischen dem Ende des mythischen Weltbildes und der kaum zu fassenden Zielstrebigkeit, mit der die mündig gewordenen Menschen an ihren eigenen Flügeln bauen. Als die fliegenden Wesen aufhörten, das notwendige Zeichen der göttlichen Sphäre zu sein, wurde das Fliegen in die menschlichen Möglichkeiten einbezogen. Man kann nicht ohne weiteres sagen, daß der göttlichen Sphäre damit etwas genommen wurde. Man muß nur zugeben, daß zwischen dem jetzt des Fluges fähigen Menschen und der göttlichen Sphäre ein wirklich grundanderes Verhältnis besteht als im mythischen Denken. Man müßte dann aber auch den nächsten Schritt wagen und diese neue Möglichkeit des Fluges in die Gottesbeziehung des Menschen unserer Zeit aufnehmen.

In einer Statistik der gefährlichsten Berufe der Welt, die vor kurzem veröffentlicht wurde, stand an erster Stelle der Beruf des Versuchspiloten von Düsenmaschinen. Dieses Faktum hat uns etwas zu sagen.

Vor einigen Jahren ging durch die Zeitungen der Welt die Nachricht von einem Flugzeugunglück über der Wüste von Nevada. Zwei riesenhafte Passagierflugzeuge stießen in einem Sturm zusammen, weit über hundert Menschen fanden dabei den Tod. Diese neue Art von Katastrophen spricht ihre eigene Sprache. Die neue Möglichkeit, die dem Menschen mit dem Flug gegeben ist, wäre nicht so eingreifend, hätte sie nicht auch diese Seite: die neue Möglichkeit des plötzlichen Todes. Es liegt einem Piloten wie auch einem Passagier näher, im Augenblick des Startes sein Leben in Gottes Hand zu befehlen, als einem Bauern, der auf seinen Wagen steigt.

Die Flügel der Sarafen, die Jesaja bei seiner Berufung sah, haben nicht die Aufgabe, den Boten zu befördern. Die Sarafen sind, wie gesagt, keine Boten. Sie haben Tiergestaltiges an sich wie manche Gottesbilder in Ägypten als eine ferne Erinnerung an die mythische Welt, in der das Menschliche in einer uns nicht mehr faßbaren Verbundenheit zwischen den göttlichen und den tierhaften Mächten stand.

An die Stelle der tierhaften mythischen Mächte beginnen für unsere Welt Werke der Menschen zu treten: die mächtig gewordenen Maschinen.

Gott kann vor diesen Mächten nicht kleiner werden. Er kann diese Mächte in sein Handeln einbeziehen, wie er am Anfang einmal die mythischen Mächte besiegte und zu Dienern machte.

Das weiße Gewand

Etwas vom Merkwürdigsten an den Engeln ist, daß sie – wenigstens gewöhnlich – Kleider anhaben. Oft ist der Engel »ein Mann in weißem Kleid« (so Matthäus 28,3 in der Auferstehungsgeschichte). Brauchen Engel denn wirklich Kleider? Wird so grob gefragt, dann möchte wohl gleich eine Korrektur kommen: Ein Engel trägt kein Kleid, er trägt ein Gewand. Aber wie töricht, zu meinen, damit sei irgend etwas geändert! Gewänder trägt man im Theater, und sie sind für gewöhnlich klassisch, jedenfalls nicht modern. Engel im Sakko gibt es nicht. Aber warum eigentlich nicht? Denken wir etwa, die Engel tragen Kleider oder Gewänder oder was auch immer, weil sie es nötig hätten? Sie tragen sie allein des Blickes wegen, der ihnen begegnet. Und um dieses Blickes willen kleiden sich die Engel unauffällig. Es werden viele Geschichten von Engeln erzählt, die ihre Pointe gerade darin haben, daß der Engel von dem, welchem er »erscheint«, zunächst nicht erkannt wird. Das ist ja nur möglich, wenn er an seiner Kleidung als solcher nicht kenntlich ist. Ein Engel in klassischem Gewand hätte es heute ziemlich schwer, sein Inkognito zu wahren! Wenn wir im Ernst den Gedanken zu denken wagen, daß uns heute noch Engel begegnen – ich meine nicht irgendein Phantasiegebilde, sondern die Boten, von denen die Bibel berichtet –, dann geht es gar nicht anders: Sie müßten schon moderne Kleidung tragen!

Das heißt, es gibt da einen Unterschied. Es wird auch von Engeln berichtet, die sofort als solche erkannt werden. So ein Engel »erscheint«, die anderen treten einfach an den Menschen heran. So verschieden die Aufgabe des einen Engels vom andern ist, so verschieden ist die Funktion der Kleidung hier wie dort.

Das Fragen nach dem Kleid des Engels läßt sich nicht lösen vom Fragen nach der Kleidung bei uns Menschen; und dabei treffen wir auf eine solche Vielheit und Wandelbarkeit des Sinnes der Kleidung, daß eine eindeutige Antwort nicht möglich ist. Sie kann Verhüllung oder Schmuck, Schutz vor Kälte oder ein anderer Schutz sein. Die vielerlei Möglichkeiten des Kleides, seine vielfältige soziale Bedeutung können zeigen, daß Kleidung etwas typisch Menschliches, ganz zum Menschsein Gehöriges ist. Es genügt, wenn ich auf einen eigenartigen Widerspruch aufmerksam mache, der für unsere Kleidung heute bezeichnend ist. Neben dem Bestreben, durch das Kleid unter den anderen hervorzuragen, möglichst das schönste Kleid anzuhaben, steht – mindestens ebenso stark – das andere, die Kleidung zu wählen, durch die man gerade nicht auffällt. Das eine weist auf die schmückende Funktion des Kleides, das andere auf die verbergende.

Wenn ich vorhin sagte, daß ein Gewand eigentlich überhaupt nicht zum Engel passe, so kann die Bibel selbst dies klarer machen. Die Wesen, die Gottes Thron umgeben, die Sarafen, die Jesaja schaute, und die Cheruben vor der Pforte des Gartens Eden sind nicht bekleidet. Jesaja sagt es ausdrücklich: »mit zweien (Flügeln) bedeckten sie ihre Füße ...« Außerdem wissen wir, wie etwa die Cherubenbilder am Tempel zu Jerusalem aussahen, da viele Darstellungen der Cheruben gefunden wurden.

Das Kleid gehört zu den Boten Gottes; und hier kann es nur den Sinn haben, den Boten Gottes menschlich darzustellen. Weil er den Menschen auf ihren Straßen und in ihren Häusern begegnet, ist er bekleidet. Hier hat also das Kleid ganz gewiß nicht die schmückende, sondern die tarnende Funktion. Die Boten Gottes, die zu Abraham oder zu Gideon oder zu Simsons Eltern kommen, sind gerade unauffällig gekleidet. Wenn wir ernsthaft fragen wollen, was die Bibel mit den Boten Gottes meint, müssen wir von der uns geläufigen Darstellung der Engel absehen und zunächst einmal zugeben, daß diese Boten Gottes nicht abbildbar sind. Dann müssen wir aber auch den nächsten Schritt gehen: Sie sind auch nicht vorstellbar. Das Kleid der Engel gehört zu dem Geheimnis des Gottesboten. Er kann in *jedem* Kleid kommen. Wir können niemals sagen: So kann doch ein Engel nicht aussehen! Es gehört vielmehr gerade zu seinem Wesen, daß er in einem unauffälligen, also auch der Zeit entsprechenden oder wie wir sagen »modernen« Kleid kommen kann.

Es fällt uns nicht leicht, von der Vorstellung des Engels zu lassen, die sich uns durch die Darstellungen von Jahrhunderten eingeprägt hat. Aber wir werden uns der Wirklichkeit, daß Gott seine Boten schickt, nicht stellen können, wenn wir an dem traditionellen Kleid des Engels festhalten.

Das Kleid des Engels ist ein Stück seines Zugewandt-Seins zu den Menschen. So nahe kommt er uns, daß er um dieser Nähe willen sogar ein Kleid trägt – wie ein Mensch. Ob es nun das Festkleid ist, das weiße Kleid, das von fern auf Gottes Herrlichkeit weisen soll, oder das Alltagskleid, das ihn als Boten Gottes unkenntlich macht, es ist im Grunde beides ein Verhüllen. Das Kleid des Engels ist aber gerade darin ein Stück seiner Unbegreiflichkeit. Niemand hat einen Engel gesehen, wie er »an sich« ist. Sie sahen alle nur den, der sich verhüllt hat.

Der Schutzengel

Viele haben das schon gesehen: in dem Wrack eines bei einem Unfall zerschlagenen Autos ein Maskottchen hängend. Es sind schon viele tausend Maskottchen in Gestalt einer Puppe, eines Igels, eines Pudels oder sonst einer Kreatur mitsamt ihrem Wagen umgekommen, und das wird wahrscheinlich so weitergehen. Die Maskottchen sind merkwürdige Nachkommen der Schutzengel. Sie haben etwas Wesentliches mit ihnen gemeinsam: Sie sind – so viele es deren gibt – ein unübersehbares Zeichen für eine leere Stelle im Dasein des Menschen unserer Tage. Es wissen alle noch, Glaubende und Ungläubige, daß der Schützende ein anderer sein muß. Jedes Maskottchen ist ein Splitter verlorenen Glaubens. Und es ist ein Zeichen, das einen wohl traurig machen kann, daß der moderne Mensch ausgerechnet an dieser Stelle, wo es um Schutz, um Geborgenheit und Bewahrung geht, zurücksinkt um Jahrtausende und ein gestorbenes, versteinertes Überbleibsel der animistischen Epoche der Menschheit an die Oberfläche holt. Es bietet sich das bizarre Bild: Autos, Motorräder, Flugzeuge und Triebwagen, die in besonderer Weise den technischen Fortschritt unserer Zeit repräsentieren, tragen mit dem Talisman das Merkmal eines Versinkens desselben Menschengeistes, der das Auto zustande brachte, in äußerste Primitivität.

Sieht man es einmal so, dann wird klar, daß die Vorstellung eines Schutzengels einen gewaltigen Aufschwung des Menschengeistes gegenüber dem Talisman bedeutete. In Wirklichkeit ist also der von den meisten modernen Menschen belächelte Schutzengel gegenüber dem Talisman, den sich dieselben Menschen ins Auto hängen, eine sehr viel modernere, sehr viel geistigere Vorstellung.

Ich kann das noch deutlicher machen an dem Beispiel, von dem ich ausging. Wenn man einem Gegenstand, einer Puppe oder einem Stoffhund, schützende Kraft zuschreibt – vielleicht nur mit halbem Ernst, mehr spielend –, so bindet man die Kraft des Helfens – auch das mehr oder weniger ernsthaft – an etwas ebenso der Vernichtung Ausgesetztes wie der Wagen oder seine Insassen. Das war einmal möglich bei sehr primitiven Menschen, die diese Konsequenz gar nicht bedachten. Es ist heute wieder möglich, weil dem zerstreuten und seine Zeit vertreibenden Menschen das Denken in Zusammenhängen weithin verlorengegangen ist.

Der Glaube an Schutzengel wagte es, die Kraft des Schützens, des Behütens und Bewahrens aus der Sphäre des Zerstörbaren herauszurücken. Ein Engel ist ferner als ein Talisman, aber er kann niemals in die Katastrophen hineingerissen werden. Man kann den Glauben an Schutzengel auch jenseits der Katastrophen behalten. Er ist zwar genausowenig Garantie der Unfallverhütung wie der Talisman, aber er ist der Rätselhaftigkeit und Abgründigkeit des geschehenen Unglücks gemäßer als die Puppe. Manchmal denke ich bei den vielen Maskottchen wie auch bei einem ernster gemeinten Talisman, daß sie ein wenig mehr sein könnten als Anzeichen eines verlorenen Glaubens, daß sie sind wie das Ausstrecken der Hände eines, der nicht mehr beten kann.

Ob einer an Schutzengel glaubt oder nicht, wenn er auf den gebahnten Wegen des Alltags geht, ist ziemlich gleichgültig. Aber ob einer, der in das dunkle Tal, in dem ihn die dunkle Angst anfällt, mit dem Wissen geht: »denn du bist bei mir« oder nicht, ist wesentlich. Denn der dies Wissende kann den Engel an der Stelle sehen, wo Gottes Hilfe seine eigenen Fußspuren berührt. Den Engel sehen, das heißt hier nichts anderes als die am Rande des Todes erfahrene Bewahrung als Punkt in einer Strecke, als Teil einer Geschichte Gottes mit mir zu erfahren. Der Engel ist dann einfach Gottes mir leibhaft nahe Hilfe. Unser Denken, Vorstellen und Verstehen kann bei dem Reden von Schutzengeln, bei dem Vertrauen zu einem schützenden Engel, den Gott mir in die Gefährdung schickt, und bei dem Erfahren des schützenden Engels ruhig ganz zurücktreten. In den Liedern des 16. Jahrhunderts wie in Briefen aus den Gefängnissen des 20. Jahrhunderts wird von den Schutzengeln mit der gleichen Einfalt und mit der gleichen stillen Gewißheit gesprochen.

Der Engel der Schiffe

In Südfrankreich, nahe der spanischen Grenze, steht unmittelbar an der Atlantikküste auf dem Felsen, an den die Biskaya brandet, eine Kirche. Eine kleine, erst vor kurzer Zeit entstandene Kirche für die Schiffer, die an diesem Ort wohnen. Betritt man die Kirche, so ist man sofort gefangen von einem Bild, das den Altarraum in seiner ganzen Höhe einnimmt, ein Bild, das die ganze Kirche beherrscht. Das Bild stellt dar, wie Christus über die Wellen auf das im Sturm kämpfende Schiff zugeht. Ich stand lange vor dem Bild. Es sprach eine starke Sprache. Und ich wußte, daß es auch zu den Schiffern sprach, die in diese Kirche kamen, zu ihren Frauen und ihren Kindern. Es war ja ihre Wirklichkeit. Vor dieser Wirklichkeit mußte ihnen die Frage völlig verblassen, ob die Geschichte in den Evangelien in dem Sinn, wie wir das heute verstehen, wahr ist oder nicht.

Ich wollte, als ich das Bild sah, lieber zu den Schiffern gehören, die in dem Bild ihre Wirklichkeit sahen. Aber ich wußte gleichzeitig, daß ich in meiner Wirklichkeit, ob ich wollte oder nicht, mich zu denen stellen mußte, die einen solchen Bericht, der vom Gehen auf dem Wasser erzählt, nicht mehr glauben können. Heute frage ich mich, ob diese Geschichte in den Evangelien für unsere Welt nur so wiedergewonnen werden kann, daß wir den legendären Charakter des hier Erzählten offen und ohne allen Vorbehalt zugeben.

Das hieße: Hier ist ein uraltes, jahrtausendealtes Motiv nachträglich auf Jesus von Nazareth übertragen worden. Es ist kein anderes als das vom rettenden Engel, der dem in höchster Not mit dem Untergang kämpfenden Schiffe begegnet. Dieses Motiv, das dort, wo Fischer wohnen, in vielen Erzählungen mannigfaltig gestaltet wurde, ist aus realer, harter Erfahrung entstanden. Es hat seine massive Wirklichkeit in sich. Solche Geschichten wurden von denen berichtet, die gerettet wurden. Einen solchen Bericht enthält das Alte Testament (Ps. 107, 23–32).

Wir haben das alle noch im Blut: Wenn wir uns das Wort Rettung vorstellen wollen, wenn wir einen für Rettung recht typischen Vorgang suchen, dann denken wir wohl in den meisten Fällen an Rettung aus Seenot. Das Elementare dieser Rettung entspricht dem Elementaren dieser Not. Je weniger menschliche Möglichkeiten in die Bedrohung der tobenden Elemente hineinreichen, desto sicherer, desto einfältiger und klarer ist der erflehte, der herbeigeschriene und dann der überwältigend erfahrene Retter, der Mann von drüben, der von weither Kommende, der Mächtigere. Die »Vorstellungen« dabei, die Bilder oder Begriffe, in denen von so erfahrener Rettung weitererzählt wird, sind demgegenüber zweitrangig, fast gleichgültig.

Je weiter die Bändigung der Elemente voranschritt, je kleiner die Zahl der Menschen wurde, die täglich den Kampf mit den ungefesselten Elementen zu bestehen hatten, desto ferner rückte diese bestimmte Erfahrung von Rettung, desto weniger konnte sie einen großen Kreis von Menschen prägen. Und dann ist es eine Illusion, die Vorstellungen jener weit in die Ferne und ganz an den Rand gerückten Erfahrung für den großen Kreis aufrechterhalten zu wollen. Wir können es nicht mehr so sehen, wie die Fischer es sahen, deren Wirklichkeit das war. Etwas anderes ist viel wichtiger: daß unserer Welt die Erfahrungen von Rettung erhalten oder erneuert werden. Von Rettungen, die so überwältigend sind, daß man erzählen kann von dem Retter, der von anderswoher, der vom festen Land bis dorthin kam, wo ich hilflos umgeworfen wurde. Der rettende Engel kann nur dort kommen, wo die Not den Charakter des Elementaren hat. Wo aber etwas ist wie tobende Wellen und rasender Sturm, da braucht man nicht an Engel zu glauben, da *kommen* sie zu dem, der gerettet wurde. Wenn einer später erzählt und es so empfindet: »Ich bin noch einmal davongekommen«, dann ist ihm niemand begegnet. Wenn er erzählt, daß er gerettet wurde, dann ist dies Wissen schon Zeugnis der Begegnung. Das Wort Rettung kann niemals ganz gelöst werden von dem Retter; und hinter allen Rettern steht der eine, der des Elementaren Herr ist. Rettung aus einer elementaren Not – das erfährt unsere Zeit fast nur noch da, wo ein Werk des Menschen auf die wilde Macht der Elemente trifft. Der Mensch allein, der nackte, waffenlose Mensch begegnet den Elementen nur noch in seltenen Ausnahmefällen. Man kann das nicht wieder zurückdrehen, das wäre eitel Romantik.

Ich denke noch einmal an das Bild. Die in dieser Geschichte erfahrene Rettung ist ja auch schon die Rettung des den Elementen gegenüber gerüsteten Menschen! Die bedrohten, die umhergeworfenen, dem Toben des Sturmes ausgelieferten Menschen werden *nicht* auf die Weise gerettet, daß sie nun auch auf den Wellen gehen. Ein solcher Versuch scheitert. Vielmehr erfahren sie die Rettung im geretteten Schiff, sie werden gerettet mit dem, was sie sich selbst gebaut haben.

Wir vergessen zu schnell, was für ein gewaltiger technischer Fortschritt das Schiff war. Aber wir nennen auch die Luftfahrzeuge Schiffe. Es ist schon in dieser Geschichte das Werk des Menschen in die Erfahrung der Rettung einbezogen. Es ist hier schon vorausgesetzt, daß der Zusammenstoß des Menschen mit den Elementen gewaltiger ist, wo es ein gerüsteter Zusammenstoß ist.

Und hier eröffnet sich ein Blick in ein neues Stadium des technischen Daseins: ein Stadium, in dem wir Triumph und Rausch der neuen Schiffe, der neuen Fahrzeuge, der neuen Bewegung genauso wie Not, Katastrophen und Rettungen des so gewaltig gegen die Elemente gerüsteten Menschen mit einem neuen Glauben zu verbinden imstande sind, in dem die neuen Schiffe ihre neuen Engel haben und die Geretteten von dem erzählen, der über die Wellen zu ihnen kam.

Engel mit Schwert

Der Garten, aus dem die Menschen hinausgewiesen wurden, weil sie nicht im Gehorsam geblieben waren, wird durch einen Engel bewacht. Einen Engel mit einem feurigen Schwert. Es gibt also Bereiche, die können nur von der anderen Seite her bewacht werden. Es gehören zur menschlichen Existenz Bereiche, die für ihn unbedingt unerreichbar sind und bleiben werden, solange es Menschen gibt. Die Menschen können sich sehr verschieden dazu stellen: Sie können so tun, als existiere jenes Jenseitige nicht; sie können auch mächtige Kräfte des Wollens und Denkens in Bewegung setzen, um zu beweisen, daß es solchen jenseitigen Bereich gar nicht geben kann. Oder aber sie können das heimlich anerkannte Jenseitige wiederum mit einem gewaltigen Aufwand an Willen und Denkkraft zu etwas Diesseitigem erklären.

Alle diese Versuche wirken klein, fast ein wenig lächerlich angesichts des Engels mit dem Schwert. Gegen diesen Engel kann man mit dem Denken und mit dem Willen wenig machen. Das gleicht etwas dem Kämpfen des Ritters gegen die Windmühlenflügel.

Der Engel bewacht den Bereich Gottes, den Bereich, wo man Gott sehen kann, ohne zu sterben. Die Göttlichkeit oder das Göttliche ist dem Menschen verwehrt.

An dieser Grenze steht der Engel mit dem Schwert. Mancher mag hier stutzen oder erschrecken: Engel mit Schwert? Engel mit dem

Schwert begegnen noch an anderen Stellen der Bibel in ganz anderen Zusammenhängen. Die Bibel hat sich nicht gescheut, dem Engel, den wir lieber mit dem Saitenspiel sehen, das Schwert in die Hand zu geben. Es kann notwendig werden, daß der Engel das Schwert führt. Hier wird dem Schwert, also der tötenden Gewalt, der Adel gegeben, den es braucht, um nicht zu verkommen. Keine menschliche »Obrigkeit« hat als solche diesen Adel. An jener Stelle im Römerbrief, die vom Schwertamt der »Obrigkeit« spricht (Röm. 13), heißt es begründend: »denn sie ist Gottes Dienerin...« Die Engel sind Gottes Diener im eigentlichen Sinn. Das Dienen ist im ganzen Bereich der Bibel ein persönliches, zweiseitiges Verhältnis. Wenn eine »Obrigkeit« jede Beziehung zu Gott abgebrochen hat, kann sie nicht mehr Gottes Diener sein. Was Gott für einen Staat in einer religionslos gewordenen Welt ist, das drückt sich aus in der »Duldung der Kirchen und Religionsgemeinschaften«. Solche Duldung ist, gewollt oder ungewollt, eine Form der Anerkennung Gottes. Ist sie aber als Duldung so gemeint: »Solange die Kirchen noch nicht eingegangen sind, wollen wir sie dulden«, so ist die in solcher Duldung beschlossene Anerkennung Gottes nicht mehr da. Ein solcher Staat kann nicht Diener Gottes sein. Es ist einfach Blindheit, zu behaupten, ein Staat sei deswegen Gottes Diener, weil er Staat ist.

Gäbe es auf der Welt nur noch solche Staaten, so hätte das Schwert, so hätte die tötende Gewalt ihren Adel verloren, so müßte sie verkommen. Warum muß es unter den Menschen die richtende Gewalt geben? Warum gibt die Bibel dem Engel, dem eigentlichen Diener Gottes, das Schwert in die Hand? Wenn hier alles gesagt wäre mit der Aussage, der Mensch sei böse, darum müsse von Gott her Gewalt dasein, die das Recht zum Töten hat, so bleibt doch eine große Unklarheit: Ein Wächter vor dem Tor einer Stadt ist nicht für eine Masse, eine massa perditionis, da. Auch wenn das flammende Schwert des Engels den Bereich Gottes absolut unzugänglich macht, es bleibt die Waffe eines einzelnen im Kampfe gegen – wenn auch viele – einzelne. Gott läßt vor dem Garten nicht seine himmlischen Scharen lagern, sondern den einen Engel mit dem Schwert.

Vielleicht hat die Kirche durch zwei Jahrtausende mit ihrer Lehre vom Bösesein *der* Menschen dies so verallgemeinert, wie wir es nicht mehr dürfen. Wir dürfen es wohl deshalb nicht mehr, weil die Masse in ihrer dem 20. Jahrhundert eigenen Erscheinungsform die Fähigkeit verloren hat, böse zu sein. Es ist heute irgendwie nicht mehr so wichtig, ob alle Menschen böse sind oder nicht. Es kommt jetzt mehr auf die Konzentration des Bösen in einem einzelnen an. Begegnen kann dem Engel mit dem Schwert die Masse niemals. Masse kann nicht begegnen. Und der Engel mit dem Schwert kann gegen eine richtige Masse gar nichts machen. Er steht da, wo er steht, gegen einzelne und unter Umständen gegen Gemeinschaften, also nur gegen solche, die des Bösen fähig sind.

Die Massenvernichtung durch Massenwaffen hat mit diesem Schwert nichts mehr zu tun. Aber gerade die Massenvernichtungswaffen zeigen wieder den ursprünglichen Sinn des Schwertamtes. Das feurige Schwert in der Hand des Engels ist dazu da, den Menschen vom Eindringen in Gottes Bereich fernzuhalten. Es wird die Menschen auch daran hindern, in der Handhabung und Meisterung des Todes zu sein wie Gott. Das Schwert ist für die da, die den Befehl geben, und für die, welche mit einem Handgriff den Mechanismus der Waffe auslösen. Wer an den Engel mit dem feurigen Schwert vor dem Garten Gottes denkt, der kann nicht die Zuversicht verlieren – auch angesichts der Möglichkeiten des Vernichtens, über die Menschen heute verfügen. Er wird auch nicht sagen können, daß er demgegenüber ohnmächtig ist. Wer an den Engel mit dem feurigen Schwert denkt, weiß, daß da immer noch ein unzerstörbarer Bereich bleibt, wie groß auch die Zerstörungsmacht der Menschen wird. Der Garten nämlich, vor dem der Engel Gottes steht, ist nach Meinung der alten Geschichte – obwohl Bereich Gottes – auf dieser Erde.

Er war für uns Menschen bestimmt und bleibt für uns Menschen bestimmt, trotz des Engels mit dem Schwert. Der Engel steht dort, damit der Garten *für die Menschen* bewahrt bleibe. Weil dieser Engel da ist, kann ein Mensch auch in äußerster Bedrängnis seinen Adel und seine Würde bewahren, die ihm keine quälende und ängstigende Macht nehmen kann.

Musizierende Engel

Ich denke an das Bild Grünewalds. Und hinter diesem Bild tauchen viele andere auf: Engel singend und musizierend mit Instrumenten und Notenblättern, einzeln, zu zweit und in Chören.

Man kann nur staunen über die Einfalt dieser Darstellungen, die den Engeln die jeweils zeitgenössischen Musikinstrumente in die Hand geben und sie sogar Noten lesen lassen. Man muß doch wohl nüchtern zugeben, daß in diesen Darstellungen eigentlich das Musizieren dargestellt wird, so wie es die Darstellenden kannten, und daß die Engel nur dazu dienen, diese Musik in eine höhere Sphäre zu heben.

Wenn wir diesen Vorbehalt wohl beachten, bleibt den musizierenden Engeln des Mittelalters dennoch die Kraft eines Wortes, das bis zu uns heute reicht. Diese musizierenden Engel sagen, daß unsere Einordnung der Musik in die Reihe der Künste nicht ausreicht, ja daß sie etwas Wesentliches verdecken kann. Die Musik hat einen einzigartigen Bezug zum Gotteslob – das sagen die musizierenden Engel –, und dieses Gotteslob kann niemals unter den Begriff der Kunst, wie wir ihn fassen, subsumiert werden, schon weil es ein die ganze Kreatur umfassender Vorgang ist. Die singende Stimme des Menschen ist den Lauten der außermenschlichen Kreatur näher als die sprechende Stimme; und die Stimmen der Instrumente stellen das Musizieren des Menschen in einen noch viel weiteren Chor, der die leblose Kreatur umgreift.

So gesehen bekommt das Musizieren der Engel einen tiefen und echten Sinn, einen Sinn, der sich wohl besonders klar in Grünewalds Bild von den musizierenden Engeln zeigt.

Der Engel und die Eselin

Im Alten Testament ist einmal eine sehr merkwürdige Geschichte von einem Propheten erzählt, der von einem mit Israel im Kampf liegenden König bestellt wird, einen Fluch über das israelitische Heer auszusprechen, aber von Gott dazu gebracht wird, statt des Fluches einen Segen zu sprechen (die Geschichte von Bileam, 4. Buch Mose 22–24). Bileam macht sich früh am Morgen auf und reitet auf seiner Eselin zu dem König Balak, der ihn hatte rufen lassen. Aber »der Engel des Herrn trat ihm als Widersacher in den Weg, während er auf seiner Eselin dahinritt, ... das gezückte Schwert in der Hand«. Das Tier nimmt den Entgegentretenden wahr und weicht vom Wege ab. Bileam merkt nichts und schlägt es. Das wiederholt sich noch zweimal. Nachdem Bileam das Tier zum drittenmal zornig geschlagen hat, tut es seinen Mund auf und fragt: »Was habe ich dir getan, daß du mich nun schon dreimal geschlagen hast?« Bileam antwortet seiner Eselin, als sei es das Natürlichste von der Welt, daß sie ihn anredet. Erst am Ende dieses Zwiegespräches werden ihm die Augen aufgetan, »daß er den Engel des Herrn auf dem Wege stehen sah, das gezückte Schwert in der Hand«.

Nun endlich tut auch der Herr, was sein Tier schon lange getan hat, er beugt sich dem Mächtigen.

Das Tier, so will die Geschichte sagen, hat ein wacheres, ein besseres Vermögen, den begegnenden Gottesboten wahrzunehmen, als der Mensch. Es spürt das Entgegentreten und weicht vor ihm zurück. Der Mensch ist ihm gegenüber stumpf und blind und ahnungslos; es müssen ihm erst – obwohl er ein Gottesmann ist – die Augen geöffnet werden, damit er den Begegnenden wahrnehme. Und wäre das Tier nicht ausgewichen, so wird dann auch noch gesagt, hätte das Schwert des Engels zugeschlagen. Bileam hat dem Tier zu verdanken, daß er heil aus dieser Begegnung herauskommt.

Gehen wir an diese Geschichte nicht als die aufgeklärten Menschen heran, die das alles besser wissen, sondern mit der Bereitschaft, erst einmal zuzuhören, so könnte uns hier etwas aufgehen, was unserer Welt zu hören gut täte. Die Tiere, die in unserer mechanisierten Welt so weit an den Rand gedrängt wurden, haben doch als Kreaturen einen Anteil an unserem Menschsein, den wir ihnen nicht ungestraft nehmen können. Es bleibt immer eine Stelle, an der die Tiere ein wacheres und besseres Vermögen haben als der Mensch. Es bleiben die Gelegenheiten, in denen es gut und richtig ist, daß ein Mensch auf ein Tier achtet und von ihm lernt.

Dazu gehört nach unserer Geschichte auch das Ahnungsvermögen für ein begegnendes anderes. Die Tiere, die auch Geschöpfe sind, haben ihre Bezogenheit auf den Schöpfer behalten, auch wenn uns diese Bezogenheit verborgen und verschlossen ist; die Bibel deutet das mehrfach an. Es kann auch heute noch geschehen, daß ein Mensch durch ein Tier aus Ahnungslosigkeit und Blindheit hingewiesen wird auf ein von anderswoher Begegnendes.

Schön wie ein Engel

Mit den Schönheitsköniginnen wird die Welt nicht schöner. Das ist nicht gerade verwunderlich. Es ist schon richtig, daß ein schöner Mensch für viele schön sein kann und schön sein soll. Es ist auch richtig, daß für uns mit dem Begriff des Schönen nun einmal die Stufung und Steigerung unlöslich verbunden ist. Daß ein schöner Mensch, ob Mann oder Frau, eben darin, daß er schön ist, an Schönheit hervorragt, schöner ist als ... oder die Schönste ist unter ..., das ist so empfunden und gesagt worden, solange es Menschen gibt. Dies beides aber wird in den Schönheitskonkurrenzen unserer Tage auf eine Spitze getrieben, die mehr ein Gipfel von Armut als eine wirkliche Gipfelung von Schönheit ist.

Aber in diesen Schönheitskonkurrenzen unserer Tage ist zu erkennen, daß alles Schöne, und allem voran die Schönheit eines Menschen, einen Zug zum Transzendenten hat. Darum sagen die Leute nicht: schön wie die und die Filmschauspielerin oder schön wie »Miß Universum«, sondern sie sagen: schön wie ein Engel. Aber woher weiß man eigentlich, daß Engel schön sind? Wenn man an die gemalten Engel denkt, würde es bald zu Ende sein mit dem Vergleich »schön wie ein Engel«. Mit den gemalten Engeln hat der Vergleich anscheinend nichts zu tun. Man hat vielmehr das Gefühl, die armseligen Versuche, die Schönheit der Engel zu malen, sind nur ein ganz schwacher Widerschein eines Wissens, das die Menschen haben: Engel müssen schön sein. An sich liegt kein Grund dafür vor. Ob der Engel, der zu Gideon kam, schön war oder nicht, ist völlig gleichgültig. Er ist für seine Botschaft da, nicht, um einen guten Eindruck zu machen.

Es ist wahrscheinlich umgekehrt: Die Engel müssen schön sein, weil alle Schönheit etwas Engelhaftes hat. Dabei ist der Engel als Bote verstanden. Alle Schönheit hat etwas von einer Botschaft. Wirkliche Schönheit ist von anderswoher. Man kann das leicht vergessen, wenn man Schönheit messen oder standardisieren will. Das geschieht heute etwas zu reichlich. Vielleicht läßt es sich im Zeitalter der Masse nicht vermeiden, daß das Schöne stark typisiert wird. Daß eine Filmschauspielerin, wenn sie wirklich schön ist, für Tausende und Millionen typisierend wirkt, ist an sich nicht schlecht, sondern ein Zeichen für die wirkende Kraft des Schönen.

Schlimm wird es erst, wenn es zur Schablone wird. Und hier zeigt sich etwas sehr Eigenartiges: Weil man die Schönheit der Engel nicht malen kann, wurden die Bilder von Engeln puppenhaft, schematisch und absurd. Heute beginnt etwas Ähnliches mit dem Frauengesicht zu geschehen. Ein Zeichen unserer Armut, aber auch noch ein Zeichen der Sehnsucht nach Schönheit im echten Sinn! Das alles wird keinen Bestand haben, es ist auch nicht sehr gefährlich. Die Schönheit wird sich immer wieder selbst durchsetzen. Denn Schönheit ist kommend, wie die Engel kommend sind. Weil Schönheit kommend ist, kann auch ein »häßliches« Gesicht schön sein. Das Aufleuchten des Schönen in einem häßlichen oder langweiligen Gesicht erreicht mehr für das Lebendigbleiben der Schönheit unter den Menschen als eine ganze Sammlung von Schönheitsköniginnen.

Weil Schönheit etwas Begegnendes ist, behält sie auch immer etwas von der Ungreifbarkeit der Engel. So wenig, wie man von den Engeln sagen kann: Es gibt sie – und sie dann in menschlichen Kategorien faßbar machen kann, so wenig können wir die uns in einem Menschen begegnende Schönheit messen oder typisieren oder sonst festlegen. Sie begegnet, das heißt: sie kommt und geht. Nichts kann sie herbeizwingen, nichts kann sie festhalten. Schönheit wäre nicht schön, hätte sie nicht dieses Gekommensein aus dem Unbekannten und die Ahnung des Schwindens in sich: schön wie ein Engel.

Die Freude der Engel

*So ist bei den Engeln Gottes Freude
über einen Sünder, der Buße tut.*

Lukas 15,10

In dem Wort von der Freude der Engel über den einen, der umkehrt, ist das Geheimnis einer Umkehr gewahrt. Sie ist ein Ereignis, das bei den Menschen das ihr gemäße Echo nicht finden kann. Sie werden es mißverstehen, übertreiben oder ausnützen. Die Umkehr findet das ihr einzig gemäße Echo in der Freude Gottes und der Engel.

Daß ein Mensch zugibt, einen falschen Weg gegangen zu sein, und auf diesem Weg umkehrt, um eine neue Richtung einzuschlagen, ist eine wunderbare Sache. Das Eingeständnis fällt niemandem leicht. Wenn es nicht Angeberei oder Theater ist, erweckt es in jedem Menschen Scham. Wenn einer sich dessen nicht schämt, zugeben zu müssen, daß er einen falschen Weg gegangen ist, ist seine Umkehr nicht viel wert. Deswegen ist es in Ordnung, wenn der, der umkehrte, eine Scheu hat, davon zu reden. Die Umkehr kann auch zu einem schamlosen Akt werden. Das geschieht sowohl dort, wo sie an den Haaren herbeigezerrt wird, wie dort, wo die Umkehr im Rückblick schamlos breitgetreten wird. Das muß gesagt werden, damit die Würde der Umkehr gewahrt bleibt. Was wir in den geläufigen Begriffen Buße, Beichte, Sündenbekenntnis oft nicht mehr in seinem ursprünglichen Sinn erkennen können, die dem Menschen von Gott gegebene Möglichkeit, in einer verkehrten Vergangenheit anzuhalten und dann eine neue Richtung einzuschlagen, ist eine der höchsten und eine der weitestreichenden Fähigkeiten der Menschen. Das ist zum Beispiel dort erkannt, wo versucht wird, diese Kraft der Umkehr, das Zugeständnis, einen falschen Weg gegangen zu sein, und das Versprechen, von nun ab eine andere Richtung einzuschlagen, einem politischen System dienstbar zu machen. Die Politisierung der Buße ist ein erschreckendes Zeichen unserer Zeit.

In der Freude der Engel über die Umkehr eines einzelnen Menschen irgendwo unter uns findet diese Umkehr das einzig ihr gemäße Echo. Deswegen lohnt sich die Umkehr und, an die Freude der Engel denkend, braucht der Umkehrende sich nicht mehr zu schämen.

Er kommt von einer anderen Welt

Eine sprichwörtliche Redensart des Ewe-Volkes in Afrika sagt von einem alten Mann: Er kommt von einer anderen Welt. Jeder wird spüren, daß hier etwas Gutes und Richtiges gesehen und gesagt ist. Dieses Wort zitierte der Pfarrer bei der Beerdigung meines Vaters. Ich mußte dabei an einen bestimmten Augenblick denken. Da war ein Weg durch einen Wald. Ein schmaler, gerader Weg, eigentlich mehr eine Schneise, die durch diesen Wald noch junger, aber hoher, dicht stehender Fichten führte. Ein Weg, der auch im heißen Hochsommer kühl ist, kühl, dämmerig und duftig. Auf diesem Weg sah ich meinen Vater, eine etwas gebückte Gestalt, langsam am Stock gehend, mit ganz weißem Haar, hell im Dämmer des Waldweges. Ich dachte etwas dem afrikanischen Sprichwort Ähnliches. Ich dachte: Es ist nicht schwer, sich vorzustellen, daß manchmal ein alter Mann eine Botschaft aus einer anderen Welt hat. Eine Botschaft aus einer weiten Ferne. Es war keine Botschaft, die man leicht in einen Satz fassen könnte; aber ich spürte in diesem Augenblick, daß es einen Sinn haben muß, wenn ein Mensch alt wird und müde wird und gebrechlich wird und in alledem seinem Tod entgegengeht. Es ist ein Gutes darin und eine Schönheit und etwas Erhabenes. Es war, als müßte ich mich verneigen.

Der Todesengel

Zu den Ereignissen, die einem Menschen angekündigt werden können, gehört der Tod. Das sagen Erzählungen in vielen Völkern seit alters her; in den deutschen Märchen besonders in der Form, daß der Tod sein eigener Bote ist, der sich dem ankündigt, der sterben wird. Der Tod, auf den jedes Menschendasein zugeht, ist das ernsthafteste Beispiel dafür, daß Ereignisse im Menschenleben so sein können, daß sie sich ankündigen und daß die Vielfalt der Wege solchen Ankündigens unbegrenzt ist.

Es ist noch keine Botschaft, wenn ein Mensch spürt, »daß es mit ihm zu Ende geht«. Eine Ankündigung ist erst da, wo so etwas vernommen wird wie ein Ruf über die Grenze. Die bloße Todesahnung hat beide Möglichkeiten in sich: sie kann wie der Sog eines Abgrundes sein, der sich in dieser Ahnung auftut; sie kann aber auch zu einem Wort werden, dem ich mich anvertrauen kann. Dies ist die Wirklichkeit des Todesengels: Einer, dem ich trauen kann, sagt mir, daß jetzt meine Stunde gekommen ist. Der Todesengel ist die Einbeziehung des Todes in die Möglichkeiten Gottes mit mir.

ZWEITER TEIL

Zwei Botschaften von der Rettung

Man kann im Reden des Alten Testaments von den Engeln drei Zeiten unterscheiden. In den erzählenden Schriften der früheren Zeit wird ganz unbefangen hier und da von Engeln erzählt. Das geschieht niemals ausführlich und niemals so, daß ein besonderes Interesse an der Schilderung der Engel zu spüren wäre; sie gehören einfach zur Wirklichkeit der frühen Zeit wie Gott oder die Bäume oder die Tiere. In der mittleren Schicht der Zeit des Alten Testamentes wird bei den Propheten vor dem babylonischen Exil, im 5. Buch Mose und in der Priesterschrift (dem Rahmenwerk der 5 Bücher Mose, in priesterlichen Kreisen gegen Ende des babylonischen Exils oder bald nach ihm entstanden), gar nicht oder so gut wie gar nicht von Engeln geredet. Um das Ende des Exils beginnt bei Ezechiel ein stark bemerkbares Interesse an den Engeln, was bei Sacharja bald nach dem Exil noch erheblich gesteigert ist und in der Apokalyptik zu einer ausgebildeten Engellehre geführt hat. Sie ist in den apokryphen Büchern, zum Beispiel im Buch Henoch, ausführlich dargestellt, wird aber auch schon im Danielbuch (entstanden im Jahr 165/164 vor Christus) vorausgesetzt. In dem ersten dieser drei Zeitabschnitte handelt es sich nicht um die Engel im allgemeinen, sondern meist um den »Engel Gottes«. Daraus wird es klar, daß in diesen drei Zeitabschnitten *sehr* verschieden von den Engeln geredet wird und man sich darum vor Verallgemeinerungen hüten muß.

In den frühen Erzählungen von den Engeln Gottes ist ein Zug besonders wichtig: Der Engel ist nicht eigentlich eine Gestalt neben oder unter Gott, sondern in dem Engel Gottes berührt Gottes Reden oder Gottes Handeln die Erde. In ein und derselben Geschichte kann der Erzähler an die Stelle des Engels Gott und an die Stelle Gottes den Engel treten lassen, um dies zum Ausdruck zu bringen. Oft ist der Engel Gottes für die Menschen, zu denen er kommt, wie ein anderer Mensch, ein Wanderer, der zu ihnen kommt, um ihnen etwas anzukündigen. Die Engelgeschichten im ersten Zeitabschnitt handeln alle von diesem Boten Gottes. Daneben ist auch die Rede vom Geleit und vom Schutz eines Engels, manchmal auch von einem verderbenbringenden Engel. Auf dem Weg durch die Wüste geleitet der Engel das Volk (2. Buch Mose 14, 19 und öfter).

Die Geschichten, die von der Botschaft eines Engels erzählen, haben nur zwei große, immer wiederkehrende Themen. Diese Botschaften ergehen nicht in wahllos herausgegriffene, nicht einmal in vielfältige Situationen. Es sind zwei Nöte, in die hinein der Bote Gottes die Botschaft von der Rettung bringt, die Urnot der Frau und die Urnot des Mannes in jener Welt. Der Frau wird die Botschaft gebracht, daß sie ein Kind bekommen soll; dem Mann wird verkündet, daß er von der Bedrückung frei werden soll. Es ist dann auch kein Zufall, daß die erste Art dieser Engelgeschichten vor allem in den Vätergeschichten, die andere vor allem in den Anfängen der Volksgeschichte begegnet.

Die Geburt eines Kindes ist das Hauptthema des ersten Kreises der Vätergeschichten, der Abrahamerzählungen. Hier hat daher auch die Ankündigung des Kindes durch einen Boten Gottes einen besonderen Ort. In 1. Mose 16 wird der Hagar die Geburt Ismaels angekündigt. Es ist eine der schönsten Geschichten der Bibel vom Kommen eines Engels. Hagar, der Nebenfrau Abrahams, die von ihrer Herrin Sara verdrängt und vertrieben wurde, begegnet draußen in der Steppe, auf ihrem Weg in die Verlassenheit und in das Elend, der Bote Gottes, erkundigt sich nach ihrem Woher und Wohin und schickt sie zurück zu ihrer Herrin, aber nun mit einer Verheißung, mit der Hagar leben kann: Sie soll ein Kind bekommen, und ein großes Geschlecht soll von diesem Kind ausgehen. In dieser Geschichte wird besonders deutlich, daß eine scharfe Scheidung zwischen dem Boten Gottes und Gott in den frühen Engelerzählungen nicht möglich ist.

Nachdem der Bote von ihr gegangen ist, sagt Hagar:

*»Wahrhaftig, Gott habe ich gesehen;
und ich lebe, nachdem ich ihn sah!«*

Vergleichen wir die beiden Ankündigungen einer Geburt:

1. Mose 16,8 ff.	Lukas 1, 28 ff.
8: Der Gruß des Engels	28: Der Gruß des Engels
11: Siehe, du bist schwanger und wirst einen Sohn gebären ... Du sollst ihn Ismael nennen Denn gehört hat Jahwe dein Elend	31: Du wirst schwanger werden und einen Sohn gebären ... Du sollst ihn Jesus nennen 30b: Du hast Gnade bei Gott gefunden
12: Und er wird sein wie ...	32: Dieser wird groß sein

Es kommen eine ganze Reihe ähnlicher Geschichten hinzu. Die Engelbegegnung der Hagar hat eine jüngere Parallele in 1. Mose 21; hier flieht Hagar nach der Geburt des Kindes, und Mutter und Kind drohen in der Wüste zu verdursten. Da ruft der Engel vom Himmel her (daran ist die spätere Erzählung zu erkennen) die Verheißung; sie ist hier statt mit der Ankündigung der Geburt mit der Bewahrung vor dem Tod des Verdurstens verbunden.

Die andere, noch wichtigere Geburt eines Kindes im Kreis der Abrahamerzählungen ist die Geburt Isaaks. Auch sie wird durch einen Boten Gottes angekündigt: die Geschichte vom Besuch der drei Männer bei Abraham. Hier ergeht die Ankündigung – wenigstens in der Hauptsache – an den Vater. Es ist eigentümlich, daß sogar hierin eine Parallele zu Luk. 1 zu sehen ist: Während die Ankündigung der Geburt Jesu an die Mutter ergeht, wird die Geburt des Johannes dem Vater angekündigt. Gleich ist in allen vier Geschichten die Ankündigung durch den Boten. Im Alten wie im Neuen Testament beginnt die

Heilsgeschichte mit dieser Ankündigung der Geburt eines Kindes. Damit Gott sein Werk unter den Menschen tun kann, muß ein Kind geboren werden.

Zwischen diesen beiden wichtigen Orten am Anfang des Alten wie des Neuen Testamentes kehrt die Ankündigung der Geburt eines Kindes noch mehrfach wieder. Ganz ähnlich den Geschichten in 1. Mose 16 und 18 wird den Eltern des Simson, Manoah und seiner Frau (Richter 13), die Geburt eines Kindes durch einen Gottesboten angekündigt. Statt des Engels ist es in der Geschichte Hannas, der Mutter Samuels, ein Priester (1. Sam. 1). Ein Prophet, Elisa, kündigt der kinderlos gebliebenen Sunamitin (2. Kön. 4) an: »Übers Jahr um diese Zeit wirst du einen Sohn ans Herz drücken!«

Die Reihe dieser in vielen Zügen gleichen Geschichten läßt darauf schließen, daß es eine – wahrscheinlich uralte – Darstellungsform dieses Ereignisses gab, die sich immer wieder zur Gestaltung der Geschichte anbot, wie sie Jahrhunderte vorher von anderen und an anderem Ort bei dem gleichen Ereignis gestaltet worden war. Die Kraft solcher Gestaltung ist in dem Ereignis zu finden, das über die langen Zeiten hin das gleiche blieb. In einer Gesellschaftsform, in der eine Frau Erfüllung ihres Daseins, Ehre, Anerkennung und Glück nur in den Kindern fand, die sie gebar, war die Urnot der Frau die Kinderlosigkeit. Es war darum auch die für die Frau spezifischste, die der Frau eigenste Erfahrung von Rettung, wenn die Kinderlose nach Jahren des Wartens, des Flehens, der Schande doch noch ein Kind bekam. Diese Erfahrung hat nun im Lauf der Jahrhunderte ihren festen, uns faßbaren Niederschlag in einer Erzählungsform gefunden, in der ein Engel die Hauptrolle spielt. Wie ist das zu verstehen?

Die Erfahrung der Rettung, die das Leben einer kinderlosen Frau aus einem unglücklichen zu einem glücklichen Leben wandelte, setzte nicht in dem Augenblick ein, in dem sie das Kind bekam oder in dem sie an ihrem Körper merkte, daß sie schwanger war, sondern in einem Augenblick schon vorher, in dem ihr diese Schwangerschaft und die Geburt des Kindes angekündigt wurden. Deswegen gehört zu diesen Geschichten der Engel, der das Ereignis ankündigende Bote. Diese Frauen erfuhren ihre Rettung in einem Wort, das zu ihnen kam.

Die Geschichten von der Ankündigung der Geburt eines Kindes an eine Mutter gehören wahrscheinlich zu den ältesten Darstellungen von so etwas wie göttlicher Offenbarung an einen Menschen. Es ist die spezifische Offenbarungsgeschichte für die Frau, in die spezifische Not der Frau hinein. Es ist auffällig, daß die Geschichten, in denen sich die Wandlung dieser Not niedergeschlagen hat, nicht das Ereignis der Geburt als solches, sondern deren Ankündigung zur Mitte haben. Ein untrügliches Zeichen dafür, daß die dem Menschen eigene, die eigentlich menschliche Erfahrung von Rettung ihren Brennpunkt in einem Wortvorgang hat. Die Rettung kommt im ankündigenden Wort des Boten; die

Erfahrung der Rettung setzt mit dem Hören und Annehmen dieses Wortes ein. Wenn die Mütter, deren Leben auf diese wunderbare Weise gewandelt war, später von der Wende ihrer Not erzählten, dann war ihnen das Eigentliche, das Wesentliche, das sie zu erzählen hatten, das Kommen des Boten. Diese Tatsache entspricht einer Linie, die durch die ganze Bibel führt.

Die Wende der Not des Volkes, also der spezifischen Not der Männer, ist durch die ganze Bibel hindurch genauso überliefert: Die Wende liegt in der Ankündigung der Rettung. Das fängt bei der Knechtschaft in Ägypten an und geht bis in das Neue Testament. Das Evangelium hat seinen Namen von diesem Tatbestand, der für die ganze Bibel gilt: Die Rettung kommt zu den Menschen als frohe Botschaft in der Weise der Ankündigung. Der Brennpunkt liegt in dem Augenblick, in dem die Rettung angekündigt und diese Ankündigung angenommen wird.

Hierin gehören die Geschichten von der Ankündigung der Geburt eines Kindes nahe zusammen mit denen von der Ankündigung einer Rettung aus Bedrängnis. Diese beiden Gruppen von Geschichten sind zunächst verbunden durch die Gestalt des Engels, des Gottesboten, der in beiden auftritt. Dahinter steht der tiefere Zusammenhang: Der rettende Gott handelt an den Menschen, indem er in seinem Wort zu ihnen kommt. So gesehen haben diese beiden Gruppen von Engel-Geschichten eine für die ganze Bibel und für unseren Glauben tragende Bedeutung. Die Engelgeschichten sind der früheste

Ausdruck der Bedeutung des Wortes für unser Gottesverhältnis.

Die Ankündigung der Rettung aus einer Bedrängnis durch einen Boten Gottes zeigt besonders schön die Geschichte von der Berufung Gideons. Es ist erzählt, daß einmal in der Frühgeschichte Israels der Sohn eines Bauern Korn drosch. Er tat das nicht auf der Tenne, sondern in der Kelter, einer in den Stein gehauenen engen Mulde auf dem Weinberg. Er tat es dort, weil es auf offener Tenne zu gefährlich war. Das Land war besetzt. Es konnte ein Soldat der Besatzungsmacht vorbeikommen – dann war das Korn verloren.

Da tritt ein Bote Gottes zu ihm. Er war nicht als solcher kenntlich, er sah wie ein gewöhnlicher Mensch aus. Er grüßt den jungen Bauern: »Gott mit dir, du starker Held!« Der andere nimmt den Gruß wörtlich. So etwas hat es einmal gegeben, daß man den Gruß wörtlich nahm! Er antwortet dem Fremden: »Was heißt hier ›Gott mit dir‹? Ich merke nichts davon. Wo sind denn all seine Taten geblieben, die er früher an seinem Volke getan hat?« Der Bote antwortet: »Du bist dazu bestimmt, daß diese Großtaten in deinem Volk wieder beginnen!« Der junge Mann wendet sehr nüchtern dagegen ein, daß auf seiner Seite keinerlei Voraussetzungen dafür vorhanden seien. Der Fremde sagt: »Gerade in dieser Ohnmacht will Gott das tun, was er mit euch vorhat.« Der junge Bauer hört sich das an, bleibt aber kritisch. »Wer sagt mir«, meint er, »ob das alles stimmt? Ich kenne dich nicht. Ich bin ein

Geringer. Es könnte alles Trug sein.« Und nun kommt das Erstaunlichste an der Geschichte: Der Bote erkennt diese kritische Frage als berechtigt an; er gibt dem, zu dem er gesandt ist, ein Zeichen. Und zwar ein Zeichen aus seiner unmittelbaren Wirklichkeit, an dem der junge Bauer erkennen kann, daß es stimmt, daß die Botschaft zuverlässig ist. Erst im Entschwinden erweist sich der Mann als Bote aus einer anderen Welt, und der junge Mann neigt sich zur Erde. Dann aber geschieht, was der Bote sagte. Der junge Bauer ruft im Bewußtsein seiner Sendung eine Schar zusammen, die die Feinde aus dem Land treibt.

In dieser Geschichte ist genau das beschrieben, was man in späterer Zeit Begeisterung nennt. Was in der alten Geschichte der Bote sagt und tut, wird in der jüngeren Zeit in den Menschen selbst hineinverlegt: Die wirkliche Sendung tut man ab als naiv, primitiv und legendär; es wird daraus das Sendungsbewußtsein, das die außerordentliche Tat des Begeisterten erklären soll. Aber diese Zeit, in der man von Begeisterung und Sendungsbewußtsein spricht, ist nur eine kurze Übergangsperiode; denn der Idealismus jeglicher Gestalt kann nur – und nur eine Weile – im Schatten der wirklichen Gottesgeschichte leben: Gott läßt sich immer nur eine Weile zur Idee verflüchtigen, und alle Vokabeln des Glaubens verdorren, wenn sie von Gottes Taten gelöst sind.

Aber solange Menschen geboren werden, solange sie, um Menschen zu werden, durch das

Stadium der Jugend gehen, wird es »Begeisterung« geben und wird es unter den vielen den einzelnen geben, der sich zu Großem gesandt, bestimmt weiß. – Es ist nicht so sehr wichtig, wie sich die Menschen dies Phänomen erklären. Es ist belanglos, daß sie so klug geworden sind, die alten Geschichten vom Kommen des Boten als überwunden abzutun; dennoch wird im Bewahren dieser Geschichte und im Hören auf sie der Zusammenhang zwischen der Hingabe an eine große Tat und dem Sinn des Ganzen erhalten und erneuert. Die Kühnheit des Wagnisses, die Tat, die jeder Berechnung spottet, bleibt immer verwurzelt in einem anderen Raum, zu dem von uns aus kein Weg führt, aus dem aber zu uns, zu einem von uns ein Bote kommt.

Wahrscheinlich ist eine Geschichte ganz ähnlicher Art die Engelbegegnung des Josua, Kapitel 5 im Buch Josua. Dort wird erzählt: »Als Josua bei Jericho war, erhob er einst seine Augen und sah, wie ein Mann ihm gegenüberstand, das blanke Schwert in der Hand.« Der Satz ist dem Anfang der Engelbegegnung Abrahams fast gleich, doch waren die Boten dort Wanderer, die zu dem wandernden Abraham kamen; hier tritt der Krieger dem Krieger Josua gegenüber. Aber auch diesem Krieger ist sein Herkunftsort nicht anzumerken. Josua fragt ihn: »Gehörst du zu uns oder zu unseren Feinden?« Die Geschichte aber bricht ab; was der Bote Gottes dem Josua zu sagen gekommen war, fehlt. Man kann vermuten, daß der Bote Gottes gekommen war, Josua den Fall der Stadt Jericho anzukündigen. Da ein solcher Satz tatsächlich in Josua 6, 2–3 folgt, gehörten diese Worte vielleicht einmal zu der Engelbegegnung.

An den Anfang der Reihe von Geschichten, in denen dem Volk Gottes durch dessen Boten die Befreiung aus einer Not angekündigt wird, gehört die Erzählung vom brennenden Busch im dritten Kapitel des zweiten Mosebuches. In dieser Geschichte von der Berufung Moses wird nur *ein*mal gesagt, daß es ein Bote Gottes war, der dort Mose entgegentrat; von da ab ist es immer Gott selbst, der zu Mose spricht und ihm den Auftrag gibt. (Auffällig ist, daß die Engelbegegnung Josuas wörtlich einen Satz aus dieser Berufungsgeschichte Moses enthält: die Aufforderung, die Schuhe auszuziehen, da der Ort heiliges Land sei.)

In der Geschichte von der Ankündigung der Geburt Simsons kommen die beiden Motive Botschaft der Geburt und Botschaft der Rettung zusammen. Die Mutter »war unfruchtbar und hatte keine Kinder«. Aber die Geburt des Kindes ist nicht nur Befreiung und Freude für die Mutter; für das Kind, das sie bekommen soll, wird ihr verheißen: »Er wird anfangen, Israel aus der Hand der Philister zu erretten.« Wir können hier beobachten, wie eine Epoche in eine andere übergeht. Der Engel Gottes, der Hagar, Sara und Abraham die Geburt eines Kindes ansagte, gehört der Epoche an, in der die Familie noch ganz der Raum des gemeinsamen Lebens war. Es ist die vorstaatliche Epoche der Menschheitsgeschichte, die für uns auch fast auf der ganzen

Erde die vorgeschichtliche Epoche ist, von der wir sehr wenig wissen, die aber wie Urgestein in die Bibel hineinragt. Die wandernden Erzväter repräsentieren diese vorstaatliche Epoche, in der es über dem Haupt der Sippe keinen Herrn gab und die für uns heute so wichtige und so kritische Scheidelinie zwischen einer privaten und einer öffentlichen Sphäre deshalb noch nicht da war. Die Not der kinderlos gebliebenen Frau war damals nicht eine private, hinter den wichtigen Vorgängen des öffentlichen Lebens verschwindende Not, sondern Krise und Gefährdung des Ganzen. Wir können uns kaum vorstellen, wie es gewesen sein muß, als Geburt, Heirat, Streit und Frieden in der Familie, als all die familiären Vorgänge gleichzeitig das öffentliche Leben darstellten und es Politik nur in ihnen, nicht aber außerhalb ihrer gab; als das gesamte Wirtschaftsleben sich um den Unterhalt der Familie drehte und Kultur, Religion und Sitte reine Familienangelegenheiten waren. Wir können uns das nicht mehr vorstellen, aber es scheint mir doch sehr wichtig zu sein, daß die dann einsetzende Epoche, in der das Schwergewicht sich bald auf die staatlichen Vorgänge verlegte, nicht die ganze Weltzeit umspannt, sondern nur Epoche nach einer anderen Epoche ist. Der Bote Gottes bringt von da an, wie das vor allem die Geschichte von der Geburt Simsons im Übergang zeigt, die das Volk angehende Botschaft von der Rettung aus einer politischen Not. Aber auch das bleibt nicht für immer so. Die Botschaft der Boten Gottes wandelt sich.

Hier eröffnet sich eine Perspektive, der wir nicht ausweichen dürfen. Die Botschaft der Boten Gottes aus jener frühen Epoche, die Ankündigung eines Kindes an die kinderlose Mutter, ist von hier ab zurückgetreten. Die politische Epoche der Menschheit begann.

Mit dem Kommen des Christus ist eine durchaus unpolitische Botschaft zu den Menschen gekommen in eine Zeit hinein, die als Menschheitsepoche durchaus noch politisch war und bis heute politisch geblieben ist. Ist aber damit gesagt, daß dies immer so bleiben wird? Kann es nicht sein, daß die Botschaft Gottes, die in Christus auf unsere Erde kam und eindeutig für die ganze Erde bestimmt war, auf eine Epoche vorausweist, in der das staatlich-politische Element im Zusammenleben der Menschen in ähnlicher Weise zurücktreten wird wie bei der Wende zur politischen Epoche die familiären Ereignisse zurücktraten? Können wir wirklich von der Bibel her so gewiß sein, daß das Gegenüber von Staat und Kirche ein dauerndes ist, daß es bleiben wird, solange die Erde steht? Nach meinem Verständnis der Bibel können wir es nicht. Man kann aus der Bibel nicht mit Sicherheit entnehmen, daß die politische Epoche der Menschheit bis zum Wiederkommen Christi, das heißt bis zum Ende der Welt, bleibt. Es gibt meines Erachtens schon jetzt viele Anzeichen dafür, daß das staatlich-politische Gefüge menschlicher Gemeinschaften nicht so bleiben wird, wie es jetzt ist. Es könnte sein, daß die Kirche in den eingreifenden Wandlungen menschlichen Zusammenseins in unseren Tagen Entscheidendes versäumt. Vor allem müßte sie ernsthaft fragen, ob die Form, die sie selbst in der abendländischen Geschichte im Gegenüber zu den Staatenbildungen des Abendlandes angenommen hat, der jetzigen Situation der Botschaft in der Welt noch entspricht.

Im Kreis der Vätergeschichten werden noch einige andere Engelbegegnungen erzählt, bei denen es weder um die Geburt eines Kindes noch um Rettung im politischen Sinn geht, sondern um Bewahrung.

Die Engel, die Abraham die Geburt eines Sohnes angekündigt hatten (1. Mose 18), kehren im Hause des Lot in Sodom ein. Auch hier werden die Boten gastlich aufgenommen, obwohl die Gastlichkeit Lots auf eine schwere Probe gestellt wird. In der Nacht bewahren die Engel Lot und seine Familie vor den Bösewichtern, die in das Haus eindringen wollen; am anderen Morgen bewahren sie Lot vor der Katastrophe, die sie selbst über Sodom zu bringen gekommen sind. Ein höchst eigentümlicher, nur hier begegnender Zug liegt darin, daß dieselben Engel, die Gottes Gericht über die Stadt vollstrecken, kommen, um den einen und seine Familie zu bewahren.

In der jüngeren Version der Hagar-Geschichte (1. Mose 21) ist an die Stelle der Ankündigung der Geburt die Geschichte von einer Bewahrung des Kindes getreten. Um die Bewahrung des Kindes geht es auch in der Erzählung von Abrahams Opfer (1. Mose 22), obwohl das hier nicht

Hauptmotiv ist. In der Jakobgeschichte, in Jakobs Traum zu Bethel (1. Mose 28), sagt ihm Gott im Traum zu: »Siehe, ich bin mit dir und will dich behüten allenthalben, wo du hinziehst.« Es ist zwar hier Gott selbst, der zu ihm spricht, aber in seinem Traum sieht Jakob die Engel Gottes auf einer in den Himmel reichenden Treppe hinauf- und hinabsteigen; und ein Engel ist es, der ihm später die Rückkehr in die Heimat gebietet.

In all diesen Geschichten berührt sich der Engel Gottes, der als ein Bote zu den Menschen kommt, nahe mit dem Schutz- oder Geleitengel, der noch in vielen anderen Zusammenhängen begegnet und bei dem es auch so ist, daß man nicht scharf zwischen ihm und Gott selbst unterscheiden kann. Von dem geleitenden Engel erzählt innerhalb der Vätergeschichten vor allem der Bericht von der Brautwerbung um Rebekka (1. Mose 24).

Botschaft von der Rettung an die Frau in ihrer Not und Zusage des Geleites und der Bewahrung an den Mann unterwegs, das ist es im wesentlichen, was in den Vätergeschichten vom Engel Gottes bezeugt wird. In beiden berührt Gottes Wirken die Erde und kommt den Menschen nahe.

Die Gesandten Gottes

Es ist eine Eigentümlichkeit der Bibel, daß ihre Worte in die Zeiten hinein offen sind. Sie ist ein Buch, das vom ersten bis zum letzten Blatt auf Zukunft hin und in Zukunft hinein gesprochen ist. Die Bibel ist niemals modern gewesen – wenn man modern als zeitgemäß versteht –, weil sie immer schon mehr an der Zukunft als an der bloßen Gegenwart interessiert war. Darum kann die Bibel nie ganz veralten; die Menschen und ihre Lebensformen können sich noch so ändern, die Bibel ist ihnen immer schon irgendwo voraus. Ganze Partien, ganze Bücher der Bibel bleiben Jahrhunderten verschlossen, um eines Tages in einer gewandelten Welt ihre Stimme zu erheben. Die Theologen haben lange versucht – und manche versuchen es heute noch –, die ganze Bibel auf einmal zu verstehen. Das ist immer eine Illusion gewesen und wird immer eine Illusion bleiben. Man traut der Bibel mehr zu, wenn man zugibt, daß uns heute vieles in ihr nicht zugänglich ist. Die verschlossenen Türen können sich morgen auftun.

Wenn ich von den Engeln in der Bibel rede, so geschieht das nicht zurückblickend, sondern vorblickend. Die Engel als mythische Wesen, als halbgöttliche Zwischengestalten mit Flügeln und wallenden Gewändern und idealisierten Gesichtern haben für uns zu existieren aufgehört. Sie sind auch nicht das, was die Bibel meint, wenn sie von Gottes Gesandten, den Engeln, spricht. Auf der anderen Seite hat mir das

Studium der Bibel ergeben, daß diese Gesandten Gottes aus der Bibel nicht – durch irgendeine exegetische Methode – herausgelöst, nicht eliminiert, nicht vergeistigt, nicht symbolisiert und nicht entmythologisiert werden können, ohne daß ein Wesensbestandteil der Bibel entfernt wird.

Die Vorstellung vergangener Zeiten von den Engeln sollten wir getrost der Religionsgeschichte, der Kunst- und der Literaturgeschichte überlassen; diese Vorstellung gehört der Vergangenheit an, alles fromme Konservieren wird daran nichts ändern. Das Kommen des Gesandten Gottes, das Kommen des Engels gehört der Zukunft an, es wird die Moderne überholen. Gott wird seine Boten senden, wir wissen nicht wie.

Ich ging eines Nachts durch die Straßen von New York. In einer schmalen, sehr stillen Straße mitten im Geschäftsviertel der City sah ich wie aus einem tiefen Schacht heraus in unfaßbarer Höhe Reihen erleuchteter Fenster, Fenster wie in den schwarzen Nachthimmel geschnitten. In diesem Augenblick ist mir aufgegangen, was ich so in Europa niemals begriffen hätte, daß unsere Vorstellung des Raumes sich gewandelt hat. Wir verstehen unten und oben nicht mehr so, wie es Antike und Mittelalter verstanden. Heute können Engel nicht mehr so erscheinen, wie sie den Hirten in der Christnacht erschienen. Sie werden anders kommen, wir wissen noch nicht wie.

Wir wissen wirklich noch nicht wie. Es ist ziemlich unwesentlich, ob wir die Geschichte vom Erscheinen der Engel bei den Hirten, so wie sie uns im zweiten Kapitel des Lukasevangeliums erzählt ist, für wahr halten oder nicht. Es kommt vielmehr darauf an, ob wir Gott heute zutrauen, daß er seine Boten sendet, oder nicht. Ich möchte zeigen, daß wir diese Möglichkeit nur dadurch offenhalten können, daß wir die Geschichten hören, die die Bibel von den Engeln berichtet; daß wir diese Möglichkeit verschließen, wenn wir aus der Bibel eine Vorstellung oder eine Lehre von den Engeln destillieren, die wir als die schlechthin richtige oder schlechthin gültige Vorstellung oder Lehre von den Engeln hinstellen. Die Bibel gibt uns in Wirklichkeit keine Vorstellung von den Engeln, und sie schließt eine Lehre von den Engeln aus.

Wenn wir nun die Fülle der Geschichten, die von Engeln berichten, hören und vergleichen, bejahen oder verneinen, schön finden oder bezweifeln, werden wir immer auf eine merkwürdige Beobachtung stoßen: Die Engel in der Bibel sind gar nicht religiös. Sie begegnen fast nie oder so gut wie nie in den spezifisch religiösen Zusammenhängen der Gottesverehrung, des Gottesdienstes, der religiösen Sprache, der theologischen Reflexion. Sie begegnen Abraham, wie er in der Mittagshitze im Schatten des Zeltes steht, Gideon, wie er in der Kelter das Korn seines Vaters drischt, Josua in der Vorbereitung eines kriegerischen Unternehmens, den Hirten auf dem Felde, der bekümmerten Frau in ihrem Zimmer. Man könnte lange so fortfahren. Die Engel begegnen den Menschen durch die ganze Bibel hindurch in ihrem Alltag, bei ihrer Arbeit, an den Orten, wo der Mensch zu Hause ist. (Eine Zusammenfassung der Aussagen der Bibel Alten und Neuen Testaments habe ich in dem Artikel »Engel« im Evangelischen Kirchenlexikon, Verlag Vandenhoeck und Ruprecht, gegeben.)

Das heißt aber auch: Sie begegnen dort, wo wir nach unserer Vorstellung niemals Boten Gottes erwarten würden. Wir haben schon darin eine der Bibel entgegengesetzte Vorstellung von den Engeln, daß wir sie auf einen besonderen Raum abgedrängt haben, daß wir sie in unseren Gedanken dort nicht zulassen, wo sie nach der Bibel allein begegnen könnten: in unseren Wohnungen, an den Stätten der Arbeit, wie sie heute sind.

»Die Engel sind älter als die Götter«, fand ein Forscher, der nach den Engeln fragte. Sie sind nicht älter als Gott; nichts kann älter sein als Gott. Aber älter als die Vorstellung von Göttern in den Religionen; denn die Engel sind in der Sprache der Menschen die Chiffre für die Tatsache, daß sie auf der Erde nicht allein sind, sondern besucht oder heimgesucht werden.

So ist es auch nicht verwunderlich, daß die Engel die Götter überlebt haben. Sie werden auch die Religionen überleben. Sie sind in die Sprache des modernen Menschen eingegangen und behalten dort ihren Platz unabhängig vom Gottesglauben. Das Überwältigtwerden eines Menschen von wunderbarer Wandlung wird, solange es Menschen gibt, Worte finden wie die: »Es war, als käme ein Engel hinein«, oder: »Ein Engel ging durch den Raum«, oder: »Es hat sie ein Engel behütet.« Das Überwältigtwerden von begegnender Schönheit, von Worten, die wie von jenseits kommen, von Glanz und Glut, die über ein Dasein hereinbrechen, dies wird immer die Menschen an Engel erinnern.

In der Bibel haben die Engel einen eigentümlich schwebenden Platz. Sie kommen und sie gehen, aber sie sind nicht da. Sie lassen sich in keine Vorstellung, in kein Bild und keine Lehre fassen, unsere Begriffe reichen nicht für sie aus. In einer Engelerzählung kann der Engel ein Mann genannt werden, ein anderes Mal heißt er Gott! Er kann einer sein oder mehrere, sichtbar oder unsichtbar; er kann neben einem Menschen reden oder vom Himmel her.

Sie kommen und sie gehen, aber sie sind nicht da. An den Engeln zerbricht unser Substanzbegriff. Engel haben an der Substanz nicht teil. Eben dies erzählen die Geschichten, in denen die Engel schweben, in denen sie herabkommen und hinaufsteigen, in denen sie aus der Höhe sprechen oder im Rauch eines Altars entrückt werden.

Ein entscheidender Unterschied zwischen dem Reden von Gott und dem Reden von den Engeln in der Bibel liegt darin, daß alles, was von Gott gesagt wird, in einem Zusammenhang steht; was von den Engeln gesagt wird, ist wie das Auftauchen und Vergehen einer Sternschnuppe am nächtlichen Himmel. Die Engel haben keine Geschichte, und sie stehen in keiner Geschichte, sie kommen und sie gehen, unerwartet, einen Augenblick verweilend, spurlos vergehend. Hierin zeigt es sich wieder, daß sie älter sind als die Götter. Die Engel gehören der Zeit an, in der es den Geschichtsbegriff, die Geschichtsschreibung, das systematische Verbinden von Zeitpunkten noch nicht gab, in der das Leben wesentlich als eine Reihe oder Kette von Augenblicken erfahren wurde, die Gegenwart im vollen Sinn waren, erfüllte Vergangenheit und Zukunft in sich schließende Gegenwart. Niemals in der Bibel findet sich eine Geschichte, in der ein Engel in seinem Sagen oder Tun zwei Punkte in der Zeit verbindet; in der ein Engel wiederkäme, um das Verheißene zu erfüllen oder um das Gericht, das er einmal vorher ankündigte, zu vollziehen. Zum Urbekenntnis *Gottes* in der Bibel gehört dagegen gerade dies, daß Gott zwei Punkte in der Zeit durch sein Sagen und Tun überbrückt. Gott und Geschichte gehören zusammen; die Sphäre des Engels aber ist die reine Gegenwart, ist der Augenblick. Im Reden von den Engeln, in den Geschichten, die von Engeln erzählen, ragt die frühe Epoche der Menschheit mit ihrer anderen Zeiterfahrung in die »erwachsene« Zeit hinein. Darum haben in diesem Punkt besonders empfindliche Zeiten das Reden von Engeln gelassen oder sogar verachtet als ihrer Wirklichkeit nicht gemäß. Vor allem haben alle »aufgeklärten« Zeiten von den Engeln nichts wissen wollen.

Auf der anderen Seite hat es die Zeiten gegeben, in denen das Reden von den Engeln in einer durchaus ungesunden Weise wucherte, Zeiten, in denen die Engelspekulation und die

»Engellehre« überhandnahmen. Das waren – und sind – immer Zeiten, die nicht wirklich »erwachsen« sind, Zeiten, die sich wohl vor dem »Abtun des Kindlichen«, dem »da dachte ich wie ein Mann« drückten und sich eine irreale Welt schufen. So eine Zeit war die Epoche nach dem jüdischen Exil, so eine Zeit war das Spätmittelalter.

Warum fragst du nach meinem Namen?

Die beiden Wege des Zugangs zu Gott, die die ganze Bibel bestimmen: die Gottesverehrung oder der Gottesdienst und der Name Gottes, das Wissen von Gott und die Theologie, sind den Menschen gegenüber den Engeln verwehrt. Die Bibel will weder einen Engeldienst noch eine Engellehre. Die Engel stehen außerhalb des Gottesdienstes und außerhalb der Theologie.

In zwei Geschichten am Anfang und am Ende der Bibel kommt das zum Ausdruck.

Der Engel war zu einer kinderlosen Frau, der Frau des Manoah, gekommen und hatte ihr angekündigt, daß sie ein Kind bekommen werde. Ihr Mann kam dazu und fragte den Engel:

> »Wie heißest du? Daß wir dich ehren können, wenn dein Wort eintrifft.«
> Der Engel des Herrn erwiderte ihm:
> »Warum fragst du nach meinem Namen?
> Er ist wunderbar.«

Dieses Gespräch steht in einem der frühesten Bücher des Alten Testaments; der Richter Simson – zu seinen Eltern kam der Engel – lebte wahrscheinlich in der Zeit um 1100 v. Chr. Es ist eigentümlich, aber gewiß kein Zufall, daß in den späten Schriften des Neuen Testaments, dem Hebräerbrief und der Offenbarung des Johannes, dieselbe Warnung, dieselbe Abwehr der Engelverehrung wieder begegnet. Der Seher Johannes, ergriffen von den Gesichten, die ihm gezeigt wurden, will vor dem Engel, der sie ihm gezeigt hatte, niederfallen.

Und als ich es gehört und gesehen hatte,
warf ich mich nieder,
um anzubeten vor den Füßen des Engels,
der mir dies zeigte.
Und er sagte zu mir:
»Siehe zu, tu es nicht! Gott bete an!«

Die beiden Geschichten stehen in einem Abstand von weit über tausend Jahren. Beide zeigen sie auf der einen Seite die Neigung des frommen Menschen, die Engel zu ehren. Sie zeigen auf der anderen Seite sehr deutlich die Grenze, die hier aufgerichtet wird: das Verwehren der Engelverehrung. In der frühen Geschichte ist diese Abwehr verbunden mit der Verweigerung des Namens. Wer den Namen des Engels weiß, hat ihn damit in gewisser Weise in der Verfügung; er kennt ihn, er weiß über ihn Bescheid, er kann ihn bei diesem Namen anrufen. Auch dieses Bescheidwissen ist hier abgewehrt.

Gerade darin könnte das, was die Bibel von den Engeln sagt, für unsere Zeit wichtig werden. Gottesdienst und Theologie – diese beiden Grundformen des Gottesverhältnisses, die beide nicht allein dem christlichen Glauben eignen, sondern hinüberreichen in weite Epochen der Religionen – stehen heute in einer Krise. Beide haben die Selbstverständlichkeit verloren, in der sie einmal notwendiger und gar nicht fortzudenkender Bestandteil des Zusammenlebens der Menschen waren. Beide, Gottesdienst und Gotteslehre, stehen heute in einem eigentümlichen Schwanken zwischen schroffem Konservatismus einerseits und mancherlei modernen Auflösungstendenzen andererseits. Die Kirchenbauten unseres Jahrhunderts können dieses Schwanken am besten demonstrieren.

Die Engel stehen in der Bibel am Rande des Gottesdienstes und am Rande der Theologie – und dennoch gehören sie in die Bibel. Sie haben dort am Rande eine Bedeutung, die nicht so leicht zu erkennen ist. Einmal weisen sie auf die Grenze der Theologie und die Grenze des Gottesdienstes. Die Bibel hat von Ereignissen und von Gestalten zu berichten, die sich weder in das eine noch in das andere fassen lassen. Die Geschichten von den Engeln zeigen, daß wir nicht alles, was Gott tut, in unsere Worte fassen und unsere Gedanken über Gott einfügen können; sie zeigen, daß die Verehrung Gottes, daß aller Gottesdienst einen Raum frei lassen muß, wo das Verehren und das Dienen aufhört, wo es uns verwehrt ist. Aber das ist nur die eine, die abgrenzende Seite dessen, was die Engel in der Bibel ausrichten sollen.

Der Begegnende

Die andere positive Seite läßt sich ahnen, wenn man aus den vielen Geschichten von Engeln im Alten und im Neuen Testament einen Zug heraushört, der den allermeisten dieser Geschichten gemeinsam ist: Der Engel ist der Begegnende. In den meisten Engelgeschichten der Bibel wird eine Begegnung erzählt. Diese Begegnungen haben darin ihre Eigenart, daß die Initiative des Zueinanderkommens ganz eindeutig auf seiten des Engels liegt, sie haben den Charakter des unverhofften Besuches; immer ist der vom Engel Besuchte überrascht. Man könnte sogar sagen: Der Engel verkörpert geradezu diesen Vorgang des überraschenden Besuches; er ist nur in ihm da. Von den Engeln wird in der Bibel erzählt, weil sie auf etwas hinweisen will, was sich weder in die Sprache der Theologie noch in die Handlungen des Gottesdienstes fassen läßt. Die Engelgeschichten bezeugen eine andere Möglichkeit, wie Gott den Menschen begegnet.

Was ist eine Begegnung? Sehen wir zunächst auf die Lebenslinie des Menschen von der Geburt bis zum Tod, so hebt sich die Linie der Begegnungen klar von ihr ab. In den ersten Anfängen und in den letzten Ausläufen eines Menschenlebens gibt es Begegnungen nicht; bei den ganz kleinen Kindern ist der Abstand, den eine Begegnung überbrückt, noch zu gering, bei den ganz alten Menschen ist er zu groß geworden, sie sind schon zu weit weg. – Dann ergibt es sich fast von selbst, daß die Fähigkeit zur Begegnung innerhalb des Menschenlebens eine Kurve beschreibt, die der Kurve seines kreatürlichen Lebens entspricht, sich aber nicht mit ihr deckt; es gibt auch hier ein Ansteigen, Höhe und Absteigen der Begegnungsfähigkeit.

Was so für den einzelnen Menschen gilt, prägt sich auch in den großen Wegen der menschlichen Gemeinschaft aus. Begegnung ist in den verschiedenen Epochen der Menschheitsgeschichte etwas Verschiedenes; Begegnung wandelt sich mit den Wandlungen der Gemeinschaftsformen, sie ist selbst ein sozialer Vorgang von äußerster Feinheit und Empfindlichkeit, mit unendlich vielen Möglichkeiten der Abwandlung und Anpassung.

Hierbei ist in einer frühen Epoche der Menschheit das dem Menschen begegnende Lebendige nicht auf den Kreis der Menschen beschränkt. Gott kann dem Menschen begegnen, und Boten Gottes können dem Menschen begegnen. Eine Gottesbegegnung ist das Außerordentliche, das Seltene und in seiner Seltenheit Unverkennbare. Die Prophetie ist wohl der mächtigste und eindrücklichste Niederschlag solcher direkten Gottesbegegnung. Aber das Alte Testament kennt daneben in Weite und Fülle die andere Möglichkeit: Boten Gottes können jedem begegnen, und zwar unversehens, überraschend.

Daß dies einmal wirklich so vorausgesetzt und nicht nur geglaubt, sondern tatsächlich erfahren wurde wie irgendeine Erfahrungstatsache unserer Welt, dafür haben wir in den Engelgeschichten der Bibel einen unscheinbaren, aber schlagend deutlichen Hinweis: In den Engelgeschichten der ganz frühen Zeit begegnet der Engel nicht von oben her, sondern auf ebener Erde, in der Dimension der Menschenwege; er begegnet, wie einem ein Mensch begegnet. Das wird später anders. Wir denken bei einer Engelbegegnung fast unwillkürlich an die Weihnachtsgeschichte, in der die Engel den Hirten vom Himmel her begegnen. Das ist eine späte und in der Bibel sehr seltene Vorstellung; sie ist aus der Vermischung zweier ganz verschiedener Vorgänge entstanden und darf keinesfalls so verallgemeinert werden, wie das gewöhnlich geschieht. Nein, in den alten Geschichten ist gerade das Charakteristische, daß die Boten Gottes auf den Wegen der Erde begegnen. Sie sind im Augenblick der Begegnung als Boten Gottes nicht zu erkennen. Hier liegt der Angelpunkt für das Verstehen der frühen Geschichten von den Engeln.

Es gibt eine Geschichte im Alten Testament, die uns jene andere Welt, in der Gottes Boten den Menschen wirklich begegneten, für einen Augenblick aufschließt. Es ist die Geschichte von dem Besuch der drei Männer bei Abraham, im 18. Kapitel des 1. Mosebuches.

Abraham sitzt in der Mittagshitze vor seinem Zelt; da erhebt er seine Augen und sieht drei

Männer auf dem Weg, neben dem er sein Zelt aufgeschlagen hat. Er läuft zu ihnen, bittet sie zu Gast, er eilt, um ihnen eine Mahlzeit wie ein Festmahl und alle Behaglichkeit zu bieten, die sein Zeltplatz ermöglicht. Nach der Mahlzeit bekommt Abraham – und jetzt ist es nur einer, der die Botschaft bringt – die Ankündigung, daß er ein Kind von seiner Frau Sara bekommen soll.

Der Eifer, mit dem Abraham die drei Männer bewirtet, die drängelnde Einladung, der außerordentliche Aufwand eines Festmahles, dies alles gilt nicht dem Boten oder den Boten Gottes – wie sollte Abraham wissen, daß sie es sind –, es gilt den Gästen. Die Geschichte will – daran ist kein Zweifel – diese Gastlichkeit loben und empfehlen; und die schöne, lebendige Schilderung setzt in jedem Satz voraus, daß die von Abraham Empfangenen Menschen sind, die den Staub der Straße an ihren Füßen haben, die Hunger und Durst spüren und müde sind von ihrem Weg. Gerade darin treffen wir auf die uns fremd gewordene Welt, in der die Menschen erwarten, daß ein Bote Gottes zu ihnen kommen kann. Das nämlich steht hinter der Gastfreundschaft, hinter der Ehre, die dem Gast erteilt wird, hinter all den Vorrechten, die ihm eingeräumt werden: Wenn ein Fremder kommt, könnte es ein Bote Gottes sein.

Man kann sich das etwa so vorstellen: Für die Menschen damals, für einen Mann wie Abraham war das Land, in dem er lebte und herumzog, umgeben von der Fremde, aus der hin und wieder eine Kunde, selten einmal ein Reisender oder ein Flüchtling oder ein Bote kam. Noch ferner als diese Ferne war Gottes Ort. Eine scharfe Grenze zwischen der Ferne, aus der fremde Menschen, und der Ferne, aus der ein Bote Gottes kam, gab es hier nicht. Man konnte immer eines Boten Gottes gewärtig sein. Die Frage, ob es solche Boten Gottes gibt oder nicht gibt, ob sie existieren oder nicht, konnte hier nicht aufkommen. Die Engel repräsentieren hier noch nicht das Jenseitige, Transzendente, sondern nur eine große Ferne. Deswegen konnten sie noch auf den Wegen der Menschen begegnen. Deswegen waren die Menschen zur Zeit Abrahams und noch Jahrhunderte später des Besuches eines Gottesboten gewärtig.

Es ist ein weiter Abstand zwischen diesem Gewärtigsein und unserem modernen »Glauben an Engel«. Was man heute gewöhnlich unter diesem Engelglauben versteht, hat mit den Boten Gottes zur Zeit Abrahams und ihrem Erwartetwerden bei den Menschen fast nichts mehr zu tun. Es könnte sein, daß jenes Gewärtigsein, wie es sich in der Gastfreundschaft Abrahams zeigt und in der Selbstverständlichkeit, mit der die Boten Gottes in den Geschichten des Alten Testaments empfangen werden, einer ganz anderen Entsprechung bedarf als eines mehr oder weniger gezwungenen, in unserer Welt etwas gänzlich anderes bedeutenden Engelglaubens.

Es liegt nahe, hier an einen neutestamentlichen Zusammenhang zu denken. Jesus hat seinen Jüngern mehrfach und mit besonderem

Nachdruck gesagt, daß er selbst ihnen in den Armen, Bedürftigen und Hilflosen begegnen werde. »Was ihr getan habt einem dieser meiner geringsten Brüder, das habt ihr mir getan!« Drängt sich hier nicht eine Entsprechung zu dem Gewärtigsein des Abraham auf, der die Wanderer bewirtete, weil es Gottesboten sein konnten? Wie könnte unsere moderne »Wohltätigkeit« gewandelt werden, wenn wir wirklich in den uns begegnenden Hilflosen die Boten eines anderen erwarteten!

Der englische Gruß

In der Kuppel der Lorenzkirche in Nürnberg hängt ein Schnitzbild, »der englische Gruß« genannt. Es stellt den Augenblick dar, in dem der Engel zu Maria kommt, ihr die Geburt eines Kindes anzukündigen. Der Engel grüßt Maria, und dieser Gruß hat mit eigentümlicher, uns heute schwer verständlicher Kraft in das Geistesleben des Abendlandes hineingewirkt. Die lateinische Übersetzung, das »Ave Maria gratia plena...«, ist eines der meistgesungenen Stücke der katholischen Liturgie. Luther hat in seiner Sendschrift vom Dolmetschen gerade an diesem Satz zu demonstrieren versucht, wie er seine Übersetzung ins Deutsche gemeint hat, und übersetzt:

»*Gegrüßt seist du, Maria, Holdselige ...*«

Die Szene dieses Grußes hat eine Fülle von Darstellungen in der bildenden Kunst durch viele Jahrhunderte hindurch gefunden, und das Ave Maria hat zu immer neuen Vertonungen angeregt, vom frühen Mittelalter bis in die Gegenwart. Was aber hierin vertont oder bildlich dargestellt wurde, können wir weder aus den Bildern noch aus der Musik erkennen. Es gibt in der Bibel zwei grundlegende Weisen der Offenbarung Gottes. Die eine ist die Epiphanie; da erscheint Gott als Retter am Ort der Not seines Volkes – am Schilfmeer in der Bedrohung durch die Ägypter oder in einer Schlacht gegen die Übermacht eines Feindes. Die andere ist die Theophanie; da zeigt sich Gott in seiner Majestät, meist verbunden mit Naturerscheinungen wie am Berg Sinai oder später im Tempel, wo er dem Propheten Jesaja erschien als Thronender. Bei diesen beiden Erscheinungsformen Gottes ist ein Gruß völlig undenkbar. Er würde der Situation ins Gesicht schlagen.

Wenn die Engel mit dem Gruß, mit einem alltäglichen Gruß zu den Menschen kommen, so zeigt sich hierin eine dritte, von den anderen grundlegend verschiedene Offenbarungsweise, bei der Gott in seinem Boten menschlich wird. Es ist diese dritte Offenbarungsweise, die in Christus zu ihrem Ziel kommt, die Offenbarungsweise, in der der entscheidende Vorgang sich auf unserem Boden abspielt und der Bote Gottes die Sphäre des Göttlichen, des Transzendenten oder Übermenschlichen verläßt, indem er den Gruß ausspricht.

Was durch die Übersetzungen, aber auch durch die künstlerischen Darstellungen in Bildern und Tonwerken gerade verdeckt wird, ist das Wesentliche daran: Der Gruß ist alltäglich. Man mag sich das von einer anderen Geschichte bestätigen lassen, in der die Alltäglichkeit, die Gewöhnlichkeit des Engelgrußes deutlich wird. In 1. Mose 16 begegnet ein Engel der Hagar, die von ihrer Herrin flieht, in der Wüste. Er redet sie an:

»Hagar, Magd Saras! Wo kommst du her und wo willst du hin?«

Nicht wahr, dieser Gruß, bestehend aus Anrede und Erkundigung nach dem Woher und Wohin, deutet auf eine andere Atmosphäre als die, welche Veit Stoß in seinem Bildwerk so wunderbar darzustellen gelungen ist und die etwa im Ave Maria Gounods hoffnungslos harmonisch erweicht ist. Es ist vielmehr die Atmosphäre des einfachen Lebens unter Leuten, die sich kennen, in der die Erkundigung nach dem Woher und Wohin halb aus Teilnahme, halb aus Neugier selbst ein Bestandteil des Zusammenlebens ist.

Was an dieser Stelle besonders drastisch ist, gilt aber für das Grüßen der Engel in der Bibel insgesamt. Das Begegnen dieser Gottesboten vollzieht sich nicht in einer kultischen oder ekstatischen, nicht in einer irgendwie erhabenen Sphäre, sondern tief unten auf dem festen Boden des alltäglichen menschlichen Zusammenseins. Wären wir diese Grüße der Engel nicht so gewöhnt, wäre es uns nicht so verbrämt und vergoldet durch die Auslegung, die Künstler diesem Vorgang gaben, so kämen sie uns wahrscheinlich absurd und vielleicht gar unpassend vor. Denn der Gruß ist der spezifisch menschliche, der bloß innermenschliche Kontaktvorgang, der streng auf den Kreis der Menschen begrenzt ist. Wenn mich jemand begrüßt und ich diesen Gruß erwidere, nehme ich den Grüßenden im Kreis meines Menschseins auf. Der Gruß hat für das menschliche Zusammenleben eine kaum zu ermessende Bedeutung. Dasein, in dem es kein Grüßen mehr gibt, hört auf, menschlich zu sein. Der Gruß ist eine Grundform menschlicher Rede. Wie tief er im Menschlichen wurzelt, läßt sich einmal daran erkennen, daß er sich erhalten hat durch die Jahrtausende, solange wir das menschliche Geschlecht kennen. Es läßt sich weiter daran erkennen, daß der Gruß eine der ganz wenigen Redeformen ist, bei denen Worte und Geste, Wort und Körperbewegung notwendig und überall auf der Erde zusammengehören.

Von da aus wird die Bedeutung des »englischen Grußes« deutlicher: Er ist göttliche Selbstentäußerung, er ist Menschwerdung Gottes, er ist Hinabkommen in das Menschliche. Man muß sich eine Welt vorstellen, in der sich alle Menschen umgeben wissen von überweltlichen und außerweltlichen Kräften, in der man mit vielgestaltigen Einwirkungen dieses Überweltlichen jeden Tag rechnet, in der es unsere aufgeklärte Haltung diesen Erscheinungen gegenüber noch gar nicht gibt und ein Mensch, der öffentlich erklärt, er habe Gott thronen sehen, umgeben von seinen Dienern, von allen ernst genommen wird, und niemand lacht oder verzieht skeptisch den Mund. Man muß sich vorstellen, was es in *dieser* Welt bedeutet, wenn da ein Bote Gottes zu einem Mann bei seiner Arbeit oder zu einer Frau vor dem Haus kommt und grüßt genauso, wie man dortzulande grüßt. Die Menschen in jener Welt müssen die Boten Gottes genau entgegengesetzt empfunden haben, als wir es annehmen mögen. Die menschliche Seite des Gottesboten war für sie die durchaus beherrschende; ein Bote Gottes war für sie nicht eine himmlische Erscheinung, sondern eine irdische Begegnung.

Das Fortgehen des Engels

Die andere, die jenseitige und übernatürliche Seite des Engels zeigte sich den Menschen jener Welt nicht bei seinem Kommen, sondern bei seinem Gehen. Ein ebenso häufiger Zug wie der Gruß zu Beginn der Engelgeschichten ist sein wunderbares Entrücktwerden am Ende. In der Geschichte von Gideons Berufung ist erzählt, daß der Engel Gideon gebietet, ein Opfer herzurichten. Dann berührt er mit der Spitze seines Stabes das Fleisch und das Brot, und bei dieser Berührung schlägt Feuer aus dem Felsen und verzehrt das Opfer. »Der Engel des Herrn aber war seinen Augen entschwunden.« Nun erst merkt Gideon, daß er mit einem Boten Gottes geredet hat. – Ähnlich ist es in der Geschichte, in der den Eltern Simsons die Geburt eines Kindes von einem Engel angekündigt wird. Dort heißt es am Ende: »Als nun die Flamme vom Altar gen Himmel schlug, stieg der Engel des Herrn in der Flamme des Altars empor, während Manoah und sein Weib zusahen.« Diese beiden Geschichten haben eine auffällige Ähnlichkeit mit der neutestamentlichen Erzählung von den Jüngern in Emmaus, in der die Begegnung der beiden Jünger mit Jesus genau entsprechend den Engelgeschichten des Alten Testaments erzählt ist. Jesus tritt zu den beiden auf ihren Weg genau wie ein Bote Gottes zu Abraham oder Gideon. Es ist eine in Wort und Gesten menschliche Begegnung bis zum Schluß, wo der Fremde ein Zeichen tut, an dem er als Gottgesandter erkannt wird und dann auch schon entschwunden ist.

Dabei scheint mir ein Zug besonders wichtig und des Nachdenkens wert zu sein, der in diesem Zusammenhang auffällig oft begegnet: In der Geschichte von den Jüngern zu Emmaus heißt es zu Anfang, wo der auferstandene Herr als ein Wanderer zu den beiden tritt und sie ihn nicht erkennen: »Ihre Augen wurden gehalten.« Nachdem er das Zeichen getan, an dem sie ihn erkannten, heißt es: »Da wurden ihnen die Augen aufgetan.« In der Hagargeschichte heißt es: »Und es öffnete Gott ihre Augen, da sah sie...« Bei Jakobs Begegnung mit dem Engel: »Erhebe deine Augen und sieh...«; in der Bileamgeschichte: »Da öffnete Jahwe die Augen Bileams...« Bei den beiden Engelgeschichten im Richterbuch ist dieses Erkennen des Boten bei seinem Fortgehen der Zielpunkt der Geschichte. All diesen Geschichten ist der Zug gemeinsam: *Der Engel geht anders fort als er gekommen ist.* Es sind nicht dieselben Augen, die den Engel fortgehen sehen, wie die, die ihn kommen sehen. Das Entscheidende geschah dazwischen: Ihre Augen wurden aufgetan.

Versuchen wir uns das an einem Vorgang in unserer Welt deutlicher zu machen. Es ist nur ein sehr schwacher Vergleich, doch kann er vielleicht in die Richtung zeigen, in die wir sehen müssen. Es kommt vor, daß jemand von uns von einem Mann besucht wird, der sich anmeldet, ein bestimmtes Anliegen hat und uns dann gegenübersitzt auf einem Stuhl, auf dem vorher viele mit ähnlichen Anliegen saßen und nachher andere sitzen werden. Wir vermuten, was kommen wird, und sind darauf eingestellt. Dann aber kommt etwas völlig anderes. In seinen Worten kommt das Unerwartete. Wenn der Mann dann von seinem Stuhl aufsteht, wenn wir ihn hinausgeleiten und uns von ihm verabschieden – dann ist eine ähnliche Veränderung vor sich gegangen wie die, von denen wir in den Engelerzählungen hörten.

Die Frage ist wirklich nicht, ob wir diese Geschichten in der Bibel glauben oder nicht. Viele werden mit mir annehmen, daß Gott in unserer Welt seine Boten so nicht mehr schickt, wie er sie zu Abraham oder zu Gideon schickte. Die Frage ist vielmehr, ob Gott in unsere anders gewordene Welt zu den anders gewordenen

Menschen seine Boten auf andere Weise schikken kann oder nicht. Warum sollte er es nicht können? Und es kommt nach meiner Erfahrung sehr viel darauf an, ob ein Mensch solche Botschaften Gottes in sein alltägliches Leben für möglich hält oder nicht. Es ist ein tiefer Unterschied zwischen dem Mann, der die Botschaften eines Tages und die Besucher eines Tages immer schon vorher eingeordnet, vorbestimmt und festgelegt hat, und einem anderen Mann, der in aller Routine und Bedrängnis seiner Arbeit die Möglichkeit offen läßt, daß mit einem Besucher, in einem Brief oder einem Telefonanruf eine Botschaft von anderswoher kommt; eine Botschaft, bei der es so ist wie in den Geschichten von den Engeln, wo es heißt: »Seine Augen wurden ihm aufgetan.«

Wir können aus diesen Geschichten vom Kommen und Fortgehen eines Gottesboten etwas Gewisses mitnehmen für unsere Fragen nach den Boten Gottes. Er begegnet einem Menschen unerkannt. Er kommt, wie ein Mensch zu uns kommt, der auf unsere Erde gehört. An seiner Gestalt ist er nicht zu erkennen. Nur zurückblickend auf seinen Besuch, nur von seinem Fortgehen her kann ein Mensch sagen: Ein Bote Gottes ist zu mir gekommen. Die eigentliche Begegnung mit dem Boten Gottes geschieht da, wo die Augen dessen, den der Bote besuchte, aufgetan werden. In der Wandlung, die die Botschaft des Boten bei dem Besuchten anrichtet, erkennt er Gottes Boten. Es sah niemand den Boten, dem nicht über die Botschaft die Augen aufgingen. Mit diesem Augenblick aber hat der Bote seinen Dienst getan; er ist nun nicht mehr da.

Wir haben mit alledem erst einen kleinen Ausschnitt von dem gegeben, was die Bibel von den Engeln sagt. Aber bei diesem Ausschnitt war eine besondere Wachsamkeit notwendig. Es ist der Bote Gottes, von dem all diese Geschichten erzählen, der »Engel Gottes«, wie er in den deutschen Bibelübersetzungen genannt wird, der Botschaft Bringende, dessen Amt es nur ist, einem Menschen etwas anzukündigen, und von dem jeweils nur um der Botschaft willen erzählt wird. Diese Aufgabe eines Boten Gottes ist in späterer Zeit auf einzelne Menschen übergegangen, die wir Propheten nennen. Es wird nicht zufällig sein, daß die Geschichten von Engelbotschaften ihr Schwergewicht ganz in der vorprophetischen Zeit haben, der Zeit der Väter und der Zeit der Richter, während in den Propheten-Büchern bis zum babylonischen Exil von den Engeln ganz geschwiegen und auch in den Geschichtsbüchern in dieser Zeit von Engelbotschaften nicht berichtet wird. Diese Tatsache, daß die Berichte der Bibel in den verschiedenen Epochen durchaus verschieden von den Engeln reden, muß uns äußerst vorsichtig machen in unseren Schlüssen von den Aussagen der Bibel auf unsere Gegenwart. Eine zeitlose, allgemeingültige Lehre von den Engeln läßt sich nun einmal aus den Aussagen der Bibel nicht ohne starke Verzeichnungen gewinnen.

Aber dieser kleine Ausschnitt der Geschichten,

die von Boten Gottes in der frühen Zeit des Gottesvolkes erzählen, zeigt das Wesentliche und das spezifisch Biblische unter allem, was in der Bibel außerdem noch von Engeln zu hören ist. In allem, was von diesem »Engel Gottes« erzählt wird, von dem Boten Gottes, der zu Hagar, bis zu dem, der zu Maria kam, von dem Boten, der Gideon berief, bis zu den Engeln bei Christi Geburt, ist der Zusammenhang dieser Geschichten mit der Mitte und dem Ziel des Ganzen der Bibel unverkennbar und unleugbar. Der Bote Gottes kann aus der Geschichte, die hier berichtet wird, nicht gestrichen werden.

Die Diener Gottes

Ich muß daran erinnern, daß unser Wort »Engel«, seinem eigentlichen Sinn nach diesen Boten Gottes bedeutend, von dem bisher die Rede war, zu einem Sammelbegriff geworden ist, der nachträglich eine Fülle ganz verschiedener Wesen zusammengefaßt hat. Man wird das Folgende nur verstehen, wenn man von dieser abstrakten Zusammenfassung abzusehen versucht und bereit ist, zunächst einmal anzunehmen – was hier nicht in aller Breite begründet werden kann –, daß die Diener Gottes, von denen nun die Rede sein wird, in ihrem Ursprung mit den Boten Gottes gar nichts gemein haben. Der nachträgliche und verallgemeinernde Engelbegriff hat dem abendländischen Denken zwar eine Fülle von Anregungen gegeben, er hat aber wesentliche Tatbestände der Bibel verdunkelt. Ich möchte das an einem Bild klarmachen. In der Londoner Nationalgalerie ist ein Gemälde des Malers Andrea del Verrocchio (um 1435–1488) zu finden, das eine Szene aus dem Buch Tobias darstellt – Tobias und den Engel auf dem Wege. Ein wunderschönes Bild. Der Maler hat sich besonders bemüht, das Nebeneinander des irdischen und des himmlischen Wesens herauszuarbeiten. Während der junge Tobias mit der ganzen Sohle auftritt, berührt der Engel nur gerade mit den Zehenspitzen den Boden. Während das Gewand des Tobias einfach und der Zeit gemäß ist, trägt der Engel ein prächtiges, golddurchwirktes Phantasiekostüm. Eine besondere Feinheit aber liegt darin, daß der flatternde Mantel des Jünglings eine eigenartige Entsprechung zu den Flügeln des Engels bildet, so daß gerade in diesem auffälligsten Unterschied zwischen dem Menschen und dem Himmelswesen doch ein ästhetisches Gleichgewicht erreicht ist, das das Miteinandergehen der beiden durchaus glaubhaft erscheinen läßt. Man spürt an diesem Bild handgreiflich, wie der ganz der Renaissance angehörende Maler an das Dogma von den geflügelten Engeln, an diesen Allgemeinbegriff Engel, dessen Attribute feststehen, gebunden ist, aber dennoch mit der Schwierigkeit sich auseinandersetzte, die diese festliegende Engelgestalt bei der Darstellung der Geschichte bot. In der apokryphen Schrift (etwa im 2. Jahrhundert v. Chr. entstanden), die von Tobias erzählt, hat zwar der Engel eine Reihe von jüngeren Zügen, doch steht hinter ihm die uralte Grundform des Berichtes vom Boten Gottes, in dem dieser unerkannt, wie ein Mensch zu den Menschen tritt. Die Geschichte von Tobias ist undenkbar mit einem flügeltragenden Engel. Er hat auf dem Bild von Verrocchio sogar außerdem noch einen Heiligenschein. Man sieht, bis in die Renaissance hinein hat die Gestalt des geflügelten Engels, der als ein himmlisches Wesen gekennzeichneten Phantasiegestalt, das Denken der Christenheit beherrscht auch dort, wo die Geschichte, die es darzustellen galt, einer solchen Gestalt strikt widersprach. Deutlicher könnte kaum demonstriert werden, daß dieser abendländische Engelbegriff der Bibel nicht gemäß ist. Der Bote Gottes, der den Menschen menschlich naht, der mit dem Gruß auf den Weg eines Menschen tritt und der als Bote Gottes erst von dem erkannt wird, dessen Augen aufgetan wurden, hat mit dem geflügelten Wesen, das für unsere Begriffe einen Engel vorstellt, nichts zu tun.

Andrerseits sind diese geflügelten Wesen auch außerhalb der Bibel, außerhalb des christlichen Bereiches zu finden, sie sind der Bibel und den Christen durchaus nicht eigen.

Ein Blick in die persische Kunst kann uns davon überzeugen. Auf persischen Miniaturen, die etwa zu gleicher Zeit entstanden wie das christliche Bild des Malers Verrocchio, sind Engelgestalten zu sehen, die der christlichen Engelvorstellung genau entsprechen (Persische Miniaturen, Iris-Verlag, Bern 1947). Diese Gestalt des in der Luft schwebenden geflügelten Engels begegnet zuerst auf Darstellungen des 4. Jahrhunderts. Sie geht auf griechische und vor allem auf altorientalische Vorstellungen zurück und wandelt sich immer wieder mit den Wandlungen des Kunststils. Spezifisch christlich ist diese Engelvorstellung nicht, sie geht auf die jahrtausendealte Vorstellung von Mischwesen zurück, die sich vor allem in den ägyptischen Göttergestalten ausgeprägt hat, die es aber auch in vielen anderen Religionen gegeben hat.

In diesen Zusammenhang gehören die Cheruben und Sarafen, auch die himmlischen Heerscharen, von denen die Bibel spricht. Diese himmlischen Wesen, *bene elohim,* das heißt Göttersöhne, kommen an vielen Stellen in der Bibel vor. In 1. Mose 6, 1–4 wird erzählt, daß diese Göttersöhne sich mit den Frauen der Menschen verbinden und aus dieser Verbindung die Riesen hervorgehen. Hier ragt einmal, wie ein Block aus Urgestein, das Fragment eines vorisraelitischen Mythos in die biblische Geschichte hinein und zeigt beispielhaft für die ganze Bibel, daß diese himmlischen Wesen aus der Weite und Tiefe der umgebenden und der vorangehenden Religionen herkommen und auch in der biblischen Geschichte immer nur ein Verbindungsglied zwischen der Bibel und den anderen Religionen bleiben.

Am häufigsten begegnen diese Diener Gottes im Alten Testament als den Thron Gottes Umgebende. Dabei hat die Bibel in der frühen Zeit an diesen Gestalten selbst kein ausgeprägtes Interesse; sie sollen weiter nichts als Gottes

Majestät zum Ausdruck bringen. So sieht es der Prophet Jesaja bei seiner Berufung:

> *Ich sah den Herrn sitzen*
> *auf einem hohen und erhabenen Thron,*
> *und seine Säume füllten den Tempel.*
> *Sarafe standen über ihm;*
> *ein jeder hatte sechs Flügel,*
> *mit zweien bedeckte er sein Antlitz,*
> *mit zweien bedeckte er seine Füße*
> *und mit zweien flog er.*
> *Und einer rief dem andern zu und sprach:*
> *»Heilig, heilig, heilig*
> *ist der Herr der Heerscharen!*
> *Die ganze Erde ist seiner Herrlichkeit voll.«*

Diese gewaltige Darstellung kann uns den besten Eindruck davon geben, was jener Zeit die himmlischen Wesen bedeuteten, die Gott umgeben. Noch ein anderer Prophet, etwa 100 Jahre vor Jesaja, hat die gleiche Vision von Gottes Thron, umgeben von seinen Dienern (1. Kön. 22). Die gleiche Vorstellung kehrt in der Geschichte von Hiob (Hiob 1 und 2), in Sacharja 6, 5 und mehreren Psalmen und in den barocken Visionen des Ezechiel wieder. Diese himmlischen Wesen dienen Gott: Hiob 4, 18; Psalm 104, 4. Sie führen seine Befehle aus: Sacharja 6, 5. Sie loben und ehren ihn: Psalm 103, 20 f.; 148, 1 f. und Jesaja 6, 3. Dies alles will nichts anderes sein als Darstellung der Majestät Gottes. Hinter diesem Reden steht eine durchaus menschliche, und man mag sagen primitive

Vorstellung: die Grundvorstellung von Herrschaft überhaupt. Den Vorgang der Herrschaftsausübung konnte sich der Mensch jahrtausendelang nicht anders vorstellen als im Bild des thronenden, des sitzenden Herrn, der von Dienern umgeben ist, die seine Befehle auszuführen da sind, aber gleichzeitig als der lebendige Reflex seiner Herrenmacht. Diese Form von Herrschaft, bei der der Herr selbst gar nichts tut, sondern sitzend, in Ruhestellung also, die Befehle gibt, die seine Diener, seine Vasallen ausführen, gab es ja nicht immer; sie ist die Herrschaftsform der Seßhaftgewordenen und muß einmal, als sie sich durchsetzte, eine gewaltige Veränderung in das Zusammenleben der Menschen gebracht haben, die sich auf allen Gebieten auswirkte. Sie ist tatsächlich über viele Jahrtausende hin die unsere Vorstellung vom Herrschen bestimmende Form geblieben. In unserem Jahrhundert beginnt sie sich dadurch zu wandeln, daß an die Stelle des direkten, persönlichen Befehls des Thronenden in immer höherem Maß der durch den Apparat vermittelte Befehl und an die Stelle der vor dem Thron stehenden Diener (Minister) die durch den technischen Apparat und die Bürokratie vermittelte Herrschaftsausübung tritt.

Wenn die seßhaftgewordenen Israeliten Gott als Herrn, Gott in seiner Majestät darstellen wollten, so hatten sie gar keine andere Möglichkeit als diese: Gott thronend, umgeben von seinen Dienern. Aber es ist ein wesentlicher Unterschied, ob bei solchen Darstellungen das Schwergewicht auf dem Herrsein Gottes oder auf den himmlischen Wesen als solchen liegt. Hier aber zeigt sich der eindeutige Tatbestand, daß in der frühen Zeit – also etwa bis zum babylonischen Exil – völlig unbefangen von dem himmlischen Hofstaat Gottes, von seinen Dienern, die den Thronenden umgeben, erzählt werden konnte, ohne daß diese selbst als solche wichtig wurden. In der gesamten Prophetie Jesajas kommen die Sarafen oder irgendwelche anderen himmlischen Wesen niemals mehr vor. Sie haben nur den einen Sinn, in der Vision Jesajas die Majestät Gottes zu bezeugen. Das wird ganz anders etwa vom Exil an, dadurch bedingt, daß Gott dem Volk in größere Ferne entrückt, daß er transzendenter wird. Jetzt werden die himmlischen Wesen als solche wichtig und interessant. In den Visionen Ezechiels und Sacharjas beginnt sich ein ganzes Reich von Engeln zu entwickeln; ein Zwischenreich zwischen Gott und den Menschen. Jetzt bekommen diese himmlischen Wesen eigene, festgelegte Aufgabenbereiche, sie bekommen Namen, sie werden miteinander in Beziehung gebracht. Über den einfachen Engeln stehen die höheren, die Erzengel, und es entstehen die »himmlischen Hierarchien«, die sogar bis in die Gesangbücher der evangelischen Christenheit hineinreichen. Am Ende dieser Entwicklung stehen die spätjüdischen Apokryphen, die eine bis in alle Einzelheiten entwickelte Engellehre darbieten wie zum Beispiel das Henochbuch. Aber auch das in den Kanon aufgenommene Danielbuch setzt eine breit entwickelte Engellehre voraus, aus der vieles in das Neue Testament übernommen wurde.

Der Weg von der einfachen Herrschaftsvorstellung, dargestellt im Thronen des von seinen Dienern umgebenen Gottes, hin zu den entwickelten Engelhierarchien der späten Zeit ist leicht verständlich. Er ist durchaus parallel zu der Entwicklung und Differenzierung der Herrschaftsausübung bei den Menschen zu verstehen. Auch bei den Königen dieser Erde ist es nicht dabei geblieben, daß sie von einer Schar von Dienern umgeben waren, die ihre Befehle ausführten. Diese Diener, die Minister oder Vasallen, bekamen ihre festen Funktionen. Bald mußten sie, um die sich verzweigenden Aufträge ausführen zu können, selbst Diener haben, und so ging das weiter, bis aus den Dienern des Königs eine komplizierte und sich immer weiter ausbreitende Adelshierarchie wurde, deren Reste noch bis in unsere Tage reichen. Dasselbe geschah mit den Dienern Gottes in der Spätzeit Israels, und man kann hier gar nicht anders sagen, als daß es menschliche Phantasie und menschliche Spekulation war, die ein ganzes Reich der Engel in hierarchischer Gliederung schuf. Diese ausgebreitete Engellehre der späten Zeit ist nicht etwa ausgedacht und erfunden; es lassen sich in ihr eine Fülle von Motiven finden, die in anderen Religionen ihren Ursprung haben. Es muß gesagt werden, daß eine Fülle von polytheistischen Zügen in die Engellehre und damit in Bereiche des spätjüdischen Glaubens eindrangen, dessen Grundbekenntnis doch das Bekenntnis zu dem *einen* Gott war. Es zeigt sich hier, was sich in der Geschichte der christlichen Kirche im Früh- und Hochmittelalter wieder gezeigt hat: Der Glaube an *einen* Gott, der Glaube, daß außer ihm niemand und nichts als göttliches Wesen bezeichnet, erdacht oder verehrt werden kann, ist schwer, ist sehr schwer aufrechtzuerhalten.

Daß im Reden von den göttlichen Wesen, den Dienern Gottes, die seinen Thron umgeben und seinen Willen ausführen, auch dann eine Gefahr liegt, wenn dieses Reden gänzlich unbefangen und an diesen Wesen selbst gar nicht interessiert ist, ist in einem Buch des Alten Testamentes besonders deutlich gesehen worden, in der Priesterschrift, die überhaupt nicht von Engeln spricht. Zu ihr gehört die Schöpfungsgeschichte im ersten Kapitel des ersten Mosebuches. Von den Dienern, die Gottes Thron umgeben, ist hier nur noch eine ganz schwache Spur erhalten in dem Plural des Entschlusses zur Erschaffung des Menschen:

»*Lasset uns Menschen machen* . . .«

So spricht der König zu seiner Umgebung. Die alte Vorstellung von Gottes Hofstaat steht noch im Hintergrund, aber sie ist verblaßt und fern. Das Schaffen Gottes bedarf der Diener nicht mehr, die seine Befehle ausführen. Er spricht: »Es werde«, und es geschieht. Die Priesterschrift bekam ihre letzte Fassung in der Zeit des babylonischen Exils oder bald danach. Es ist dieselbe Zeit, in der bei Ezechiel und etwas später bei Sacharja das Interesse den himmlischen Wesen so zugewandt wird, daß daraus eine ausgebildete Engellehre entsteht. Wahrscheinlich hat es in der nachexilischen Zeit nebeneinander eine Richtung der Frömmigkeit gegeben, die sich mit großer Intensität den Engeln und ihrem Wirken zuwandte – vor allem die Apokalyptik –, und eine andere, die allen Engelglauben ablehnte. Das gilt noch für die neutestamentliche Zeit von der Richtung der Sadduzäer, die die Existenz von Engeln überhaupt leugnete.

Das Reden von den Dienern Gottes in der Bibel hat aber noch einen anderen, heute besonders interessanten Aspekt. Einmal heißt es von ihnen (Psalm 104):

> ... der Wolken zu seinen Wagen macht,
> der einherfährt auf den Flügeln des Sturms,
> der die Winde zu seinen Boten bestellt,
> zu seinen Dienern Lohe und Feuer ...

Auch von den Sternen kann als von Gottes Dienern geredet werden (Hiob 38, 7). Die Sterne, die Wolken, die Winde, die Blitze sind Gottes Diener; sie auch sind seines Rufes gewärtig, sie führen seine Befehle aus, sie loben und rühmen ihn. Es liegt nahe, daß auch in solchen Reden Nachklänge des polytheistischen Glaubens zu erkennen sind, in dem all diese Naturerscheinungen göttlicher Art waren und personhaft gesehen werden konnten. Die Gestirngötter sind hier zu Dienern des einen, lebendigen Gottes degradiert, ebenso die Wolken, die Winde, das Gewitter. Es ist möglich, daß die Cheruben des Alten Testaments ursprünglich zu Gestalten verdichtete Wetterwolken waren, in den alten Epiphanien fährt Gott auf einer Wetterwolke, an anderen Stellen auf dem Cherub daher. Der Name läßt die fremde Herkunft erkennen; ihm entspricht das babylonische kuribu. Die gleiche Vorstellung begegnet in anderen Religionen. Der indische Gott Vishnu fährt auf dem garuda einher, dem Wort entspricht wahrscheinlich das griechische γρυψ, lateinisch gryphus, deutsch Greif.

Die in anderen Religionen vergötterten Naturgewalten sind hier zu Dienern des Gottes geworden, der Himmel und Erde geschaffen hat. Dieser Aspekt des Redens von den Naturgewalten als Gottes Dienern in der Bibel wird für die Menschheit, die sich die Naturgewalten zu ihren Dienern gemacht hat und immer mehr zu machen im Begriff ist, eine besondere Bedeutung bekommen. Wenn die Bibel die damals erkannten Naturkräfte als Diener Gottes verstanden hat, so ist darin vorausgesetzt, daß Menschen die Naturkräfte niemals ganz in ihre Gewalt bekommen können. Auch die gebändigten, die unterworfenen und in Dienst gestellten Naturkräfte bleiben Gottes Diener. Das gilt dann auch für die seither erkannten und von den Menschen unterworfenen Kräfte, zum Beispiel für die Elektrizität ebenso wie für die aus der Atomspaltung gewonnene Kraft. Grundsätzlich ist da nichts anders. Die Fähigkeit des Menschen, sich die Kräfte der Erde untertan zu machen, hat heute wie damals ihre Grenze in der Herrschaft Gottes, der »Winde zu seinen Boten und zu seinen Dienern Feuerflammen macht«. Es ist damit durchaus nicht gesagt, daß das Indienststellen der atomaren Kräfte verwerflich und gegen Gottes Plan mit seiner Schöpfung sei. Wohl aber werden wir nach sehr konkreten, in die wirtschaftlichen und sozialen Bereiche hinein wirksamen Formen suchen müssen, diese Herrschaft Gottes über die zugänglich gewordenen Kräfte zum Ausdruck zu bringen. Auf jeden Fall kann uns dieses Reden der Bibel von den Naturkräften als Gottes Diener dessen gewiß machen, daß die Veränderungen im Verhältnis der Menschen zu den Naturkräften nicht außerhalb des Handelns Gottes bleiben. Es ist tief zu bedauern, daß bei dieser Entwicklung in den letzten 200 Jahren das der Kirche anvertraute Gotteswort noch nicht wirksam in diese neuen Bereiche hinein übersetzt wurde und daß die kirchliche Verkündigung dieser Entwicklung nur mühsam und fast nur kritisch besorgt folgte. Der 148. Psalm ist ein großer Ruf an alle Kreatur zum Lob des Schöpfers. Am Anfang der zum Lob Gerufenen stehen in diesem mächtigen Gesang die Engel:

»Lobet ihn, all ihr Engel,
lobet ihn, all seine Heerscharen!«

Dann folgen Sonne, Mond und Sterne und alle Geschöpfe am Himmel wie auf Erden. Auch in diesem Psalm sind die Kräfte der Schöpfung als Gottes Diener bezeichnet:

> »*du Feuer und Hagel, Schnee und Rauch,
> du Sturmwind, der sein Wort ausrichtet* . . .«

Diesen Lobruf an die Kreatur fortzusetzen in unsere Welt hinein, diese Linien auszuziehen zu den in unserer Welt entbundenen Kräften und auf die Wege der Menschen in der Welt, in der wir leben – das wäre eine Aufgabe für eine Theologie unseres Zeitalters!

Engel des Geleits und der Bewahrung

Der Schutzengel steht eigentümlich in der Mitte zwischen dem »Engel Gottes« und den himmlischen Wesen, die Gottes Diener sind. Alles, was die Bibel vom Schutzengel sagt, kann sie auch von Gott selbst sagen. Es ist nicht notwendig, vom Schutzengel zu reden. Es ist immer Gott selbst, der im Schutzengel handelt. Man braucht nur die schöne Geschichte von der Brautwerbung um Rebekka zu lesen (1. Mose 24). Wie Abraham seinen Knecht auf den Weg schickt, da sagt er: »Gott wird seinen Engel vor dir hersenden.« Nach der Ankunft beugt sich der Knecht zur Erde nieder und preist den Herrn, der ihn den rechten Weg geführt hatte. Bevor Jakob den Weg nach Ägypten antritt, erscheint ihm Gott im Traum und verheißt ihm: »Ich selber ziehe mit dir hinab nach Ägypten.« Der Geleitende kann aber ebenso Gott selbst wie ein Engel sein, und in derselben Geschichte kann das eine in das andere übergehen. Das ist genauso wie bei dem Boten Gottes, an dessen Stelle auch mitten in einer Geschichte Gott selbst treten kann. Dieses eigentümlich Schwebende ist für das Reden vom Schutzengel besonders bezeichnend. Es ist mit ihm nicht eine besondere Gestalt neben oder außer Gott gemeint, sondern die Fürsorge Gottes für das Gefährdete, Ungeschützte, in der besonderen Nähe zum Menschen, die am besten in dem Reden vom Engel verstanden werden kann. In der Zusage des Schutzes durch einen Engel schwingt etwas mit, was schwer zu definieren ist (im 91. Psalm):

»Denn seine Engel wird er für dich entbieten, dich zu behüten auf allen deinen Wegen.«

Wenn von den Schutzengeln vor allem in Kinderliedern gesprochen wird

»Vater, laß die Engelein über meinem Bette sein!«

so ist das nicht zufällig, es ist auch keine Verniedlichung oder Verharmlosung des Engelglaubens, sondern bei den Kindern hat der schützende und geleitende Engel seine eigentliche Aufgabe. Es kann vom Schutzengel überhaupt nur in einer gewissen Sphäre der Kindlichkeit gesprochen werden. Das hat seine Begründung in der Vorgeschichte des Schutzengelglaubens.

Er reicht zurück in so frühe Stadien der Menschheit, daß wir das darin sich zeigende Gottesverhältnis von uns her nur als ein kindliches sehen und verstehen können.

Es ist nur ein später Ausläufer dieses uralten Glaubens, wenn in der ägyptischen, in der sumerischen und babylonischen Religion neben den großen, der Allgemeinheit zugeordneten Göttern jeder einzelne Mensch seinen persönlichen Gott, seine persönliche Göttin oder beides hat. In einem großen sumerischen Gedicht ist von diesen Schutzgeistern die Rede:

> *Er (der Gott) wandelte des Mannes Leid*
> *in Freude.*
> *Er gab ihm bei den guten Geist*
> *als Wächter und Behüter,*
> *Gab ihm die Schutzgeister*
> *freundlicher Gesinnung . . .*

In einigen Religionen entwickelte sich der Glaube an Schutzgeister aus der Vorstellung von einer »external soul«, einer »Seele außerhalb«, die sich vom Körper lösen kann und dann zu einem persönlichen Schutzgeist wird. So zum Beispiel im germanischen Glauben die Fylgjur (die Walküren Wagners), die Fravashis im Parsismus, die Schutzengel im nachexilischen Judentum. Besonders ausgeprägt war dieser Glaube in Ägypten; der Mensch bekommt bei seiner Geburt einen Ka (er ist manchmal in Gestalt eines Vogels dargestellt), der ihn wie ein Doppelgänger sein ganzes Leben begleitet. Ähnliche

Vorstellungen gibt es in vielen Religionen der Naturvölker. Manchmal haben hier die Geister der Toten die Funktion eines schützenden oder auch eines ankündigenden Engels (zum Beispiel bei den Pygmäen Zentralafrikas). Das Gemeinsame in all diesen Glaubensvorstellungen ist der einem einzelnen Menschen zugeordnete persönliche »gute Geist«, wobei aber nicht scharf unterschieden werden kann zwischen Geist, Gott oder Engel.

Das Wesentliche daran ist ein in die früheste Zeit des Menschengeschlechtes reichendes Wissen, das den einzelnen Menschen in seiner Einzelheit geborgen und umfangen weiß von einem ihm Zugewandten, ihn selbst und ihn allein Meinenden.

Der so verstandene und in seinen Wurzeln so tief reichende Glaube an einen Schutz- und Geleitengel könnte im Zeitalter der Masse zu einer ganz neuen, ungeahnten Bedeutung kommen. Eine nicht zu leugnende Tatsache ist, daß bei Menschen unserer Tage, die irgendwo in die tödliche Maschine einer Massenmacht mit ihren teuflischen Mitteln, das Einzelsein auszulöschen, geraten sind, dieser Glaube an den persönlichen Schutzengel in seiner ganzen Einfalt und kindlichen Kraft wieder aufgewacht ist. Sehr viele Menschen, die nie etwas davon sagen werden, haben die alten Abend- und Morgenlieder, die vom Schutz der Engel sagen, in solchen Situationen neu gesungen und gebetet und anders als jemals vorher. In den Gedichten und Gebeten, die aus dieser Lage gekommen sind, ist der bewahrende Engel nicht mehr eine Gestalt der Tradition oder tradierter Phantasie, sondern lebendige Wirklichkeit. Gerade hier treffen wir wieder, was das Reden vom Engel – und gerade vom schützenden und geleitenden Engel – in den ganz frühen Geschichten der Bibel charakterisiert: Wenn einer von den bewahrenden Engeln spricht, dann redet er von Gott:

Von guten Mächten wunderbar geborgen
erwarten wir getrost, was kommen mag.
Gott ist mit uns am Abend und am Morgen
und ganz gewiß an jedem neuen Tag.
　　　　　　　　　　　(Bonhoeffer)

Die Engel und Jesus Christus

Fragt man, was das Neue Testament von den Engeln sagt und welche Bedeutung sie in ihm haben, so kann man fast auf den ersten Blick eine eigentümliche Entdeckung machen: Von den Engeln wird im Neuen Testament betont nur an drei Stellen geredet – beim Kommen des Christus auf diese Erde, bei seinem Fortgehen und im Zusammenhang seines Wiederkommens. Diese einfache Feststellung enthält schon die wesentliche Antwort auf unsere Frage nach dem, was das Neue Testament von den Engeln sagt.

Sie zeigt uns einmal, daß es eine Lehre oder auch eine Botschaft von den Engeln im Neuen Testament so wenig gibt wie im Alten. Weder die Verkündigung Jesu noch die Auslegung dieser Verkündigung in den Briefen der Apostel hat irgendwo die Engel zum Mittelpunkt. Christus ist nicht gekommen, um etwas über die Engel zu offenbaren. Die Botschaft von Christus kann dargeboten und entfaltet werden, ohne daß dabei etwas von den Engeln gesagt wird.

Trotzdem wird im Neuen Testament von den Engeln, wenn auch mehr am Rande, ganz wie selbstverständlich gesprochen und ganz betont in den eben genannten drei Zusammenhängen. Was bedeuten sie dann für das Neue Testament?

Die Engel bei der Geburt

Hier ist der Zusammenhang der Geschichten um die Geburt Christi mit den ganz frühen Geschichten vom Engel Gottes im Alten Testament unverkennbar. Wir hatten dort gefunden, daß die Botschaft des Boten Gottes nicht Beliebiges ankündigt, sondern auf zwei bestimmte Situationen konzentriert ist: die Not der kinderlosen Frau, in die der Frau die Geburt eines Kindes angekündigt wird, und die Not des Mannes in der Bedrückung der Gemeinschaft, der er angehört, dem der Bote die Rettung, die Erlösung des Volkes aus seiner Not ankündigt. Diese beiden Motive kommen in den Engelbotschaften am Anfang des Lukasevangeliums zusammen. Wir sahen schon, daß die Botschaft des Engels an Maria der Engelbotschaft an Hagar (1. Mose 16) in allem Wesentlichen gleicht. Wenn in den

Worten der Engel an die Eltern des Vorläufers und des Heilandes und dann in der Engelbotschaft an die Hirten die beiden Urnöte des Mannes und der Frau aufgenommen und ihre Wendung in der Geburt des Erlösers der ganzen Welt verheißen wird, so wird damit erst der Sinn dieser Geschichten um die Geburt des Christus ganz erschlossen: Hier ist erfüllt, was in Jahrtausenden aus den Nöten des Menschengeschlechtes im Lebenskreis der Frau und im Lebenskreis des Mannes erwartet, ersehnt und erfleht wurde. Es wird in diesen Geschichten ein Bogen gespannt, der alles umfaßt, was an menschlicher Not auf dem Weg der Menschheit bis zu Christus liegt. Die Ankündigung der Rettung, die jetzt zu Maria im menschlichen Gruß kommt, wie sie zu Abraham oder Hagar oder Gideon mit menschlichem Gruß kam, wird in dem Menschen Jesus für alle menschlich werden; sie wird allen auf den Wegen der Menschen begegnen können, wie Jesus von Nazareth als ein Mensch den Kranken und den Verachteten auf seinem Weg die frohe Botschaft sagt und ihnen hilft. Wenn dieser Jesus von Nazareth, was er zu bringen hat, den Männern seines Volkes, aber auch den Frauen und den Kindern bringt, so kommt bei ihm zusammen, was die Menschen des Alten Testaments von dem Boten Gottes glaubten, der zu ihnen auf ihre Straßen kam, zu den Männern in ihre Not, zu den Frauen in ihre Not und zu den Kindern, die Gefährdeten zu behüten.

Die Engel bei der Auferstehung

In diesem Zusammenhang werden auch die Geschichten um die Auferstehung Christi, in denen wieder häufig Engel begegnen (Matth. 28, 2 ff.; Mark. 16, 5 ff.; Luk. 24, 4 ff.; Joh. 20, 12 ff.; Luk. 24, 23; vergleiche auch die Verklärungsgeschichte Matth. 17 und Parallelen), verständlicher und sie treten damit in einen weiteren Horizont. Wir wiesen schon hin auf die große Ähnlichkeit der Erzählung von den beiden Jüngern zu Emmaus mit den Engelgeschichten des Alten Testaments. Wir fanden bei diesen Geschichten einen wesentlichen Zug darin, daß das Kommen des Engels Gottes anders war als das Gehen. Wie jene Gottesboten ist Christus auf diese Erde gekommen wie einer von uns: »In unser armes Fleisch und Blut...« Wie jene Boten Gottes richtete Christus seine Botschaft an die Menschen auf unseren Straßen, in unserer Sprache: »Er war gleich wie ein anderer Mensch und an Gebärden als ein Mensch erfunden.« Erst bei seinem Fortgehen wurde offenbar, wer er ist, genau wie das von den Boten Gottes gesagt war: »Er entschwand vor ihren Augen.« Darum ist das, was die Evangelien vom Fortgehen des Christus von dieser Erde sagen, die notwendige Entsprechung zu dem Bericht von seiner Menschwerdung. In Christus hat Gottes Handeln abschließend und umfassend diese Erde berührt, und dabei ist die Linie der Engelgeschichten aufgenommen, in denen der Bote Gottes wie ein Mensch kommt und erst bei seinem Fortgehen offenbart, wohin er gehört. Die Auferstehungsgeschichten – bei denen die Engel nur die Bedeutung des Hinweises auf die andere Heimat des Menschen Jesus von Nazareth haben – könnten bei den Evangelien gar nicht fehlen; sie sind ein Wesensbestandteil des Berichtes von dem, was in und durch Jesus von Nazareth geschah.

Noch ein anderer Zug aus den Engelgeschichten kehrt in den Auferstehungsberichten wieder: Den Menschen, zu denen der Bote kam, wurden bei seinem Fortgehen die Augen aufgetan. Einige der Stellen sind oben genannt. Genauso wird es von den beiden Jüngern zu Emmaus gesagt: »Da wurden ihnen die Augen aufgetan...« Daß die Menschen, denen der Bote Gottes begegnete, in dieser Begegnung gewandelt wurden, ist ein Glied in dem Geschehen, das hier berichtet wird. Die Gewandelten sind es, die die Entrückung des Boten Gottes sehen. Dies Entrücktwerden ist nicht ein objektiv nachprüfbares Datum, ein jedem Zuschauer zugängliches Faktum. Es läßt sich von der Ganzheit, der es angehört, der Sendung des Boten und seiner Botschaft, nicht ablösen und für sich betrachten und diskutieren.

Das gleiche gilt auch für die Auferstehung Jesu. Sie ist kein isolierter Akt und darf als solcher nicht betrachtet oder diskutiert werden. Sie ist nicht ein Mirakel, das nach dem Tode Jesu von Nazareth geschah und das man, für sich genommen, in irgendeinen Zusammenhang unseres heutigen Verstehens einordnen könnte. Wie sie die notwenig zugehörige andere Seite des Kommens des Christus auf diese Erde ist, so ist sie notwendig das Zeugnis der in der Begegnung mit dem Boten Gewandelten. Es kann niemand ernsthaft sagen: »Der Herr ist auferstanden!«, der nicht gleichzeitig sagte: »Brannte nicht unser Herz?«

Die Engel beim Wiederkommen des Herrn

Wenn wir zu den Erwähnungen eines Engels im Zusammenhang des Kommens Christi auf diese Erde und seines Fortgehens von ihr im Neuen Testament auf Engelgeschichten des Alten Testamentes wiesen, so handelten diese Geschichten ausschließlich von dem »Engel Gottes«, von dem Boten Gottes, der zu einer Frau oder zu einem Mann kam, um ihnen etwas anzukündigen oder auch sie zu geleiten und zu schützen.

Von den anderen Engeln, den Dienern Gottes, von denen gewöhnlich in der Mehrzahl gesprochen wird, die um seinen Thron stehen, ihm dienen und ihn loben, ist im Neuen Testament so gut wie ausschließlich im Zusammenhang dieses dritten Ereignisses die Rede: im Zusammenhang des Wiederkommens Christi am Ende.

Diese einfache Tatsache ist für das Verständnis des Neuen Testaments in dem, was es von den Engeln sagt, wesentlich. Was das Neue Testament von dem Engel Gottes sagt, was es hier aus dem Alten Testament aufnimmt und als erfüllt verkündet, ist fest verbunden mit dem Wege Christi auf unserer Erde. Die himmlischen Wesen aber, die Diener Gottes, treten bei dem Bericht von dem Weg Jesu auf unserer Erde ganz zurück, wir hören hierbei fast nichts von ihnen. Das Reden des Neuen Testaments von Engeln als himmlischen Wesen, die zur Darstellung der Majestät Gottes gehören, ist fast ausschließlich beschränkt auf das Wiederkommen des Herrn am Ende. An diesem Tatbestand wird nun auch vom Neuen Testament her noch einmal deutlich, daß der Allgemeinbegriff »Engel« Verschiedenes zusammenfaßt, das ganz verschiedene Wurzeln hat. Die Gottesboten bei der Geburt und bei der Auferstehung Jesu sind wesensverschieden von den Engeln, mit denen oder von denen umgeben der Menschensohn am Ende wiederkommen wird (Matth. 25, 31; 26, 27), die dann die Erwählten sammeln (Matth. 24, 31; Mark. 13, 27) und die Verworfenen richten werden (Matth. 13, 39 ff.), von denen auch Paulus in diesem Zusammenhang spricht (1. Thess. 4, 16; 2. Thess. 1, 7). Das Reden von den Engeln in diesem Zusammenhang hat allein den Sinn, auf eine andere, unserer jetzigen entgegengesetzte Wirklichkeit hinzuweisen, für die all unsere Maße, all unsere Begriffe und Vorstellungen nicht mehr gelten. Hier liegt ein deutlicher Unterschied zwischen dem Reden des Alten Testaments von den Dienern Gottes und dem des Neuen. Was im Alten Testament, dem Denken der alten Zeit entsprechend, wesentlich räumlich gesehen werden konnte: Gottes Thronen an seinem himmlischen Ort, umgeben von seinen Dienern, das wird im Neuen Testament, wenn nicht ganz, so doch stärker zeitlich gesehen: Am Ende der Zeit, wenn Christus wiederkommt, werden die himmlischen Heerscharen, die Diener Gottes, die dann auch die Diener des erhöhten Herrn sind, ihre Bedeutung für den letzten Akt der Heilsgeschichte bekommen.

Allein an dieser Stelle, allein im Blick auf dieses Ereignis der Wiederkunft des Herrn ist auch im Neuen Testament ein eigenes, ein spezifisches Interesse an den Engeln zu beobachten, das – dem Alten Testament entsprechend – in der jüngsten Schicht des Neuen Testaments stark anwächst. Während in den Evangelien bei den Worten von der Wiederkunft Christi die Engel nur erwähnt werden, wird in der Offenbarung ein breites Bild von ihnen und ihrem Wirken entworfen. Hier gibt es – genau wie in den Apokalypsen des nachexilischen Judentums – ein ganzes Reich von Engeln. Fast alle Arten von Boten und Dienern Gottes, von mächtigen und furchtbaren Geistern begegnen hier. Gleich der erste Vers des Buches weist auf den Engel, der Johannes die Offenbarung vermittelt hat, und dieser Engel begegnet noch oft durch das Buch hin bis zum Ende (21, 15), oft wie hier genannt »der Engel, der mit mir redete«. Die sieben Sendschreiben an die sieben Gemeinden beginnen alle mit dem Auftrag: »Dem Engel der Gemeinde in ... schreibe: ...« Diese »Engel der Gemeinden« kann man wahrscheinlich auf die

»Völkerengel« zurückführen. Nach jüdischer Vorstellung, angedeutet schon im Alten Testament, besonders im Buch Daniel, hat jedes Volk einen Engel, der zwischen Gott als dem Herrn der Geschichte und diesem Volk vermittelt. Der Schutzgeist und Vertreter Israels ist im Buch Daniel der Engel Michael, der auch in der Offenbarung Johannes wiederkehrt. Die alte Vorstellung vom Hofstaat Gottes, den Engeln, die Gottes Thron umgeben, spielt in der Offenbarung Johannes eine besonders wichtige Rolle. Schon im Gruß, den Johannes den Gemeinden entbietet, sind diese Engel erwähnt: »... und von den sieben Geistern, die vor seinem Thron stehen.« Johannes hört »eine Stimme von vielen Engeln rings um den Thron« (5, 11), die Gott und Christus preisen. Das ganze Buch der Offenbarung ist durchhallt von diesem Lob der Engel (Kap. 5; 8; 10; 19). Sie sind aber auch Gottes Diener, die auf Gottes Befehl das Drama des Jüngsten Gerichtes, des Endes und der Wandlung aller Dinge durchführen. Sie erheben die Posaunen des Gerichts in seinem dramatischen Ablauf: Ein Engel kommt vom Himmel herab, setzt einen Fuß auf das Land, einen Fuß auf das Meer und ruft, daß die Donner ihm antworten. Die Engel sind Gottes Kriegsheer, sie führen unter Michaels Führung Krieg gegen den Drachen (Kap. 12). Es sind Gerichtsengel, die die Schalen des Zornes Gottes ausgießen (Kap. 15). Ein Engel legt den Satan in Fesseln (Kap. 20). Auf den Toren des neuen Jerusalem stehen zwölf Wächter-Engel. Ein Engel kündet vom Himmel herab den Fall Babylons (Kap. 18). Ein Engel ruft die Vögel zum »großen Mahl Gottes«, zum Fraß der Leichen aus der großen letzten Schlacht. Das ganze Buch der Offenbarung kann als ein einziges Engeldrama bezeichnet werden. Die Engel sind die eigentlich Handelnden vom Anfang bis zum Ende des Buches.

Hier muß noch einmal deutlich gesagt werden, daß man die Engelvorstellungen der Offenbarung Johannes nicht auf das ganze Neue Testament übertragen darf. Während das ganze übrige Neue Testament mit großer Zurückhaltung und überall nur andeutend von den Engeln spricht, wird in diesem einen Buch ein ganzes Engeldrama entworfen. Dieses Drama aber handelt nicht – wenigstens nicht direkt – von unserer Wirklichkeit, sondern es weist auf eine Grenze hin, an der unser geschichtliches Denken, unsere Logik und unsere Maße aufhören. Auch die Engel der Apokalypse sind nicht jenseitige Wesen oder Geister, die wir uns auf irgendeine Weise vorstellen, die wir irgendwo zwischen Gott und den Menschen einordnen könnten. Sie stellen ein Geschehen dar, für das wir Menschen doch nur eng begrenzte, die Wirklichkeit niemals erreichende Vorstellungen haben.

Wir sollten darum die Fülle der Engelvorstellungen dieses Buches der Offenbarung streng auf den stammelnden Hinweis auf die Grenze der Geschichte beschränken und ganz darauf verzichten, von diesem Buch eine Engelvorstellung oder Engellehre abzuleiten, die allgemeingültig und allgemein verpflichtend wäre.

Daß das auch im Sinn des letzten Buches der Bibel, im Sinn des Sehers Johannes selbst ist, zeigt eine sehr eindrückliche Warnung am Ende des Buches. Der Seher will vor dem Engel niederfallen, der ihm all die Gesichte gezeigt hat. Aber der Engel verwehrt es ihm:

»Siehe zu, tue es nicht! Gott bete an!«

Es ist ja klar, daß die bloße Beschäftigung mit den Engeln, das Nachdenken über ihr Sein und ihr Wirken, zu einer Verehrung der Engel führen kann. Aber deutlicher kann es gar nicht gesagt werden als gerade am Ende dieses Buches, daß die Bibel eine Verehrung der Engel nicht will, daß sie sie direkt abwehrt. Dasselbe ist auch an anderen Stellen im Neuen Testament zu vernehmen. Die ersten beiden Kapitel des Hebräerbriefes führen ausführlich den Nachweis, daß Christus erhabener ist als die Engel. Sie sind »dienstbare Geister«, und zwar im Dienst des Evangeliums (1, 14). »Mitknechte« werden sie in der Offenbarung genannt (19, 10; 22, 8 f.). Auch bei Paulus finden sich eine ganze Reihe von Worten, die den Engeln gegenüber einen zurückhaltenden Charakter haben (Gal. 1, 8; 2. Kor. 11, 14; Röm. 8, 38; 1. Kor. 6, 3). In Kol. 2, 18 wird die Engelverehrung nachdrücklich abgelehnt.

Wenn man bedenkt, wie der Engelglaube im Judentum der hellenistischen Zeit wucherte, muß man sagen, daß das Neue Testament durch diesen ganzen Wust von Engelspekulationen und Engelvorstellungen wieder durchgebrochen ist zu einem sehr zurückhaltenden, sehr schlichten und ehrfürchtigen Reden von den Engeln, das ganz an Gottes Taten orientiert ist. Niemals – außer wohl in der Offenbarung Johannes – ist von den Engeln um der Engel willen erzählt. Nur selten ist ein Zug aus dem nachexilischen Engelglauben ganz unmerklich und unbewußt in das Neue Testament hinübergeglitten, wie zum Beispiel die Bemerkung, das Gesetz sei dem Volk Israel durch Engel vermittelt (Apg. 7, 53; Gal. 3, 19). Die kritische und warnende Haltung gegenüber aller Engelspekulation und aller Engelverehrung ist im Neuen Testament überwiegend. Diese Haltung des Neuen Testaments kommt besonders deutlich angesichts einer eigenartigen Funktion eines Engels zum Ausdruck, den Altes wie Neues Testament kennen.

Der Deute-Engel

Die frühen Propheten, das heißt die Propheten bis zum babylonischen Exil, empfingen die Worte, die sie zu verkünden hatten, direkt von Gott; wie, das wird immer ein Geheimnis bleiben. Aber das ist jedenfalls ganz klar: Bei diesem Wortempfang kann es irgendwelche das Wort vermittelnde Wesen nicht geben. Der Prophet hört unmittelbar von Gott, was er zu verkünden hat.

Das wird mit dem Exil anders. Der zwischen Gott und dem Propheten vermittelnde Engel begegnet zuerst bei Ezechiel. Seine Funktion wird besonders deutlich bei Ezechiels Gesicht vom neuen Tempel, Kap. 40–48. Der Anfang des 40. Kapitels ist dem Anfang der Offenbarung Johannes sehr ähnlich. Auch Ezechiel wird »in Gottesgesichten entrückt« und sieht dann einen »Mann«, der ihn anredet:

> »Menschensohn! Schaue mit deinen Augen
> und höre mit deinen Ohren,
> und achte auf alles, was ich dir zeigen werde!«

Und ebenso wie in der Offenbarung wird er aufgefordert, alles, was er sehen wird, dem Hause Israel kundzutun. Der Vergleich zeigt, daß der Anfang der Offenbarung Johannes nach dem Anfang des 40. Kapitels des Ezechielbuches geformt ist. Hier hat also auch der die Offenbarung vermittelnde Engel seinen Ursprung. Doch stärker ausgeprägt und viel häufiger ist das Reden von dem die Offenbarung vermittelnden Engel bei Sacharja. Hier ist »der Engel, der mit mir redete«, der ständige, unentbehrliche Vermittler und Erklärer (in Sacharja 1 bis 6 begegnet er 17mal), hier paßt wirklich der Name »Dolmetsch-Engel«. Er ist auf das engste mit den Gesichten verbunden, die der Seher hat (Sach. 1, 8).

Diese Nacht schaute ich ein Gesicht:
Ein Mann, der auf rotbraunem Rosse saß,
hielt zwischen den Myrtenbäumen.
Da sprach ich:

»Mein Herr, was bedeuten diese?«
Und der Engel, der mit mir redete,
sagte zu mir: »Ich will dich schauen lassen,
was sie bedeuten.«

So geht es weiter von einem der Nachtgesichte Sacharjas zum anderen. Der Seher hat ein Gesicht, aber er steht dem Geschauten hilflos gegenüber so wie ein Mann in einem fremden Land, der die Sprache des Landes nicht versteht. Er braucht immer wieder, von Gesicht zu Gesicht, einen, der es ihm erklärt, einen, der die Sprache der überirdischen Gesichte versteht, aber gleichzeitig die Sprache des Menschen Sacharja sprechen kann.

Bei den Gesichten des Daniel treffen wir dasselbe. Im 7. Kapitel werden die Gesichte Daniels geschildert, und darauf wird Daniel tief bekümmert. Auch er kann nicht verstehen, was ihm gezeigt wurde (Dan. 7, 16).

Da trat ich zu einem von denen,
die dastanden, und erbat mir von ihm
über alles sichere Kunde.
Und er antwortete mir und ließ mich wissen,
was die Dinge bedeuten.

Es ist der gleiche Vorgang bei Ezechiel, bei Daniel und bei Sacharja, wie bei dem Seher in der Offenbarung Johannes. Hier überall hat der Engel die gleiche Funktion des Deutens der Gesichte, die ein menschlicher Seher hat. Wenn an all diesen Stellen der Vorgang der gleiche und die Bedeutung des Engels dieselbe ist, so weist das auf eine besonders ausgeprägte, feste Vorstellung, der wir noch näher nachgehen müssen. Was ist es mit diesem Engel?

Er ist in all diesen Büchern deutlich unterschieden von den himmlischen Wesen, die der Seher sieht, von den Akteuren des überirdischen Dramas. Er steht daneben und deutet deren Gestalten und Handlungen. Er entspricht eigentlich dem Boten Gottes aus der frühen Zeit; aber aus dem Boten ist der Deuter geworden. Verglichen mit dem Boten Gottes in den frühen Geschichten zeigt sich der Unterschied: Er ist nicht mehr der auf der Erde, auf den Wegen der Menschen Begegnende, sondern gehört der geheimnisvollen Zwischenwelt an, die in der Vision geschaut wird. Er ist zusammen mit der Vision da, selbst in das Bild gehörend und dann doch wieder erklärend danebenstehend – eine Figur, die aus dem Rahmen der Vision heraustritt, um zwischen Vision und menschlicher Wirklichkeit zu vermitteln.

Dieser Deute-Engel ist in der Bibel ein Zeichen, daß Gott den Menschen ferner wird. Er steht an einer Stelle, an der ein Tor geschlossen wurde; dort nämlich, wo das direkte Vernehmen des Gotteswortes aufhörte. Das ist im Alten Testament so, und im Neuen ist es im Grunde nicht anders. Geschichtlich gesehen begegnet der Deute-Engel genau dort, wo die Epoche der vorexilischen Prophetie zu Ende ist. Die epochale Wendung von der Prophetie zur Apokalyptik geht mitten durch das Wirken Ezechiels hindurch: Mit der Schau des neuen Tempels wird der Prophet Ezechiel zum Apokalyptiker. Bei Sacharja geht der Übergang weiter, und im Buch Daniel ist die Apokalyptik ganz an die Stelle der Prophetie getreten. Gott ist nun so fern, daß sein Wort nicht mehr unmittelbar vernommen werden kann. Damit tritt an die Stelle des Wortes, das der Prophet hörte, das Bild, das der Apokalyptiker schaut, die Vision. Aber es ist den Menschen, denen eine solche Vision zuteil wird, durchaus klar, daß sie die Direktheit des an einen Menschen ergehenden Gotteswortes nicht mehr haben. Der Seher kann von diesen Bildern zwar tief erschüttert werden, aber er kann sie nicht mehr verstehen. Er steht vor den gewaltigen Visionen überirdischer Gestalten und überweltlicher Dramen als ein hilfloser Mensch; er weiß nicht, was sie bedeuten. An der Stelle dieses Eingeständnisses der Epigonen der Propheten, daß sie die Direktheit des Vernehmens Gottes nicht mehr haben, steht die Gestalt des Dolmetsch-Engels. *Alle* Apokalypsen bleiben, auch mit der Deutung durch den erklärenden Engel, in jener schwebenden und unfaßbaren Zwischenwelt. Auch die Erklärung durch den Engel ändert nichts daran, daß die Direktheit des Vernehmens nicht mehr da ist.

Was ist geschehen, daß den Apokalyptikern diese Deutung eines Deutenden notwendig wurde? Die eine Seite ist klar: Die Zeit der Prophetie, des direkten Hörens und unmittelbaren Weitergebens von Gottesworten durch die Boten Gottes, die wir Propheten nennen, ist begrenzt. Diese Zeit der Prophetie begann und endete mit dem Königtum. (Eine Reihe, die neben dem Königtum einherlief vom ersten bis zum letzten König Israels und Judas.) Das ist die Seite des Vorganges, die wir geschichtlich sehen und bestimmen können. Der Vorgang aber hat noch eine andere Seite: Die Propheten hatten diese ganze Zeit hindurch dem Volk in erster Linie Gottes Gericht angekündigt. Sie waren in erster Linie Boten des kommenden Gerichts. Das Gericht ist im Zusammenbruch des israelitisch-jüdischen Staatswesens, der Zerstörung Jerusalems und des Tempels eingetroffen. Das Eintreffen des Gerichts hat auf die Übriggebliebenen eine tiefe, umwandelnde Wirkung gehabt. Sie bejahten das Gericht, das sie getroffen hatte, und damit bejahten sie ihre Schuld durch Generationen hindurch. In dieser Wandlung wurde ihnen ihr Gott, der Gott ihrer Väter, der Gott des Gerichtes und der Gott der Gerechtigkeit so majestätisch, so jenseitig in seiner unwandelbaren Gerechtigkeit, daß es für sie das direkte Vernehmen des Wortes dieses Gottes nicht mehr geben konnte. Sie waren davon überzeugt, daß ihr Gott weiter die Geschichte lenkte, daß Gott auch »irgendwie« sein Walten in der Geschichte kundtat. Aber der direkte Zugang zu Gottes Handeln in der Geschichte war nicht mehr zu gewinnen. Gott war zu weit weg.

Eben dies drückt die Gestalt des Deute-Engels bei den Apokalyptikern aus. Diese Männer haben in ganzer Hingabe in das sie umgebende

Dunkel der Geschichte gesehen und haben gewußt: Gottes Handeln in ihr geht weiter. Und so haben sie dieses Handeln Gottes geschaut in Bildern, die sie tief erschütterten. Aber sie konnten diese Bilder nicht deuten. Das Tor war verschlossen. Nur einer, der selbst zu Gottes Welt gehört, konnte ihnen Aufschluß geben: ein Engel. So stehen die Deute-Engel der Apokalyptiker in einer eigenartigen Entsprechung zu den Wächter-Engeln, den Cheruben, die Gott vor dem Garten Eden lagern ließ, nachdem er die Menschen daraus vertrieben hatte: Den Ungehorsamen mußte das Reich Gottes verschlossen bleiben. In der Geschichte Israels setzte sich jener Vorgang vom Anfang fort im Abfall und Ungehorsam Israels, der schließlich zur Vernichtung ihres Landes und zum babylonischen Exil führte. Wie damals am Anfang die Direktheit des Verkehrs der Menschen mit Gott aufhörte, so jetzt die Direktheit des Redens Gottes zu den Propheten. Gott war fern gerückt. Auch wenn der Deute-Engel der Apokalyptiker diesen die Bilder, die sie schauten, erschloß; es blieb bei den Bildern, und der direkte Zugang blieb verschlossen.

Etwas wirklich anderes, etwas ganz anderes trat erst mit dem Kommen Jesu Christi ein, von dem die Weihnachtslieder singen:

> »Heut schleußt er wieder auf die Tür
> zum schönen Paradeis;
> der Cherub steht nicht mehr dafür,
> Gott sei Lob, Ehr und Preis!«

Hier wurde die verlorene Unmittelbarkeit wiedergeschenkt. Wenn Jesus von Nazareth im ganzen Neuen Testament der Sohn Gottes genannt wird, so ist damit vor allem diese Unmittelbarkeit gemeint. Jesus bedarf nicht der Visionen, um zu wissen, was der Vater von ihm und mit ihm will. »Ich und der Vater sind eins.« Vor allem das Johannesevangelium ist voll von dieser Unmittelbarkeit Jesu zu Gott (besonders Kap. 5, 17 ff.). Diese Unmittelbarkeit schließt ein vermittelndes Zwischenwesen aus. Jesus von Nazareth steht nicht wie die Apokalyptiker draußen vor der Tür. Er braucht keinen Dolmetsch-Engel, denn er ist es selbst, der die Worte des Vaters den Menschen vermittelt: »Was ich von ihm gehört habe, das rede ich zur Welt« (Joh. 8, 26). Damit ist zur Erfüllung gekommen, was in der Geschichte des Gottesvolkes an Botschaft von Gott zu seinem Volk gekommen ist. Die Aufgabe des Deute-Engels ist aufgehoben und überflüssig geworden.

Diese Tatsache ist von der Kirche nicht immer gesehen worden. Wenn in der Offenbarung Johannes der Deute-Engel genauso wiederkehrt, wie wir ihn in der nachexilischen Apokalyptik fanden, so können die so empfangenen Offenbarungen wie die entsprechenden im Alten Testament nur eine zeitlich und sachlich bedingte Gültigkeit beanspruchen. Die Engelwelt der Johannes-Offenbarung darf nicht einfach dem addiert werden, was Jesus von Nazareth *ohne* diese Vermittlung, direkt von seinem Vater empfangen hat. Die Tür zum himmlischen Bereich ist durch den Deute-Engel der Offenbarung nicht weiter aufgetan, als sie durch das Kommen des Sohnes geöffnet wurde.

Daß aber die Aufgabe des Deute-Engels mit dem Kommen Christi aufgehoben wurde, weil in Christus die Unmittelbarkeit zum Vater wiedergeschenkt wurde, hat eine Bedeutung weit darüber hinaus.

An die Stelle des Deute-Engels ist in der Geschichte der Kirche auf lange Strecken eine Institution der Kirche getreten. Wenn in der Kirche von einem unfehlbaren Lehramt gesprochen wird, so ist damit eine Institution der Kirche, eine menschliche Institution, in eine Höhe gehoben, die ihr nicht zukommt. Dieses unfehlbare Lehramt steht an der Stelle des Deute-Engels dort, wo das direkte Reden Gottes zu einem Menschen zu Ende ist. Das unfehlbare Lehramt entspricht jenem Zwischenwesen, das dem Visionär seine Gesichte deutet. Es liegt aber ein Unterschied darin, daß die Seher der Bibel jedesmal ihre Unfähigkeit zugeben, die Gesichte selbst zu deuten. Doch darf diese unberechtigte Weiterführung der Linie des Deute-Engels nicht auf die katholische Kirche und ihr in bestimmten Begrenzungen für unfehlbar gehaltenes Lehramt beschränkt werden; auch in den evangelischen Kirchen wurde zuzeiten die Lehre so verselbständigt, so verabsolutiert und zum Besitz, daß sie in eine gefährliche Nähe zu einem selbständigen Mittelwesen kam, mit Hilfe dessen man an die Stelle der Unmittelbarkeit, die uns in Christus wiedergeschenkt ist, eine neue Mittelbarkeit zu setzen im Begriff war. Alle Theologie, die zwischen Christus und der Gemeinde, zwischen Christus und der Welt eine Selbständigkeit für sich beansprucht, die einen eigenen Bereich mit eigenen Regeln eigener Sprache und eigener Autorität haben will, ist nicht Theologie in der Nachfolge des Christus, in dem alle Botschaft des Alten Testaments zur Erfüllung gekommen ist. Weil Christus gekommen ist, bedürfen wir eines Deute-Engels oder eines Ersatzes dieses Deute-Engels nicht mehr. Die Theologie der Kirche Christi kann nur ein auslegendes Nachzeichnen dessen sein, was uns gesagt ist, das Bezeugen der Boten, die gesehen haben, was da geschehen ist. Weder die Theologen noch die Inhaber kirchlicher Ämter stehen so erhöht über der irdischen Wirklichkeit wie die Deute-Engel, die von ihrem Ort mehr sehen konnten als die Seher auf der Erde. Auch Christus ist nicht auf dieser halben Höhe stehengeblieben, sondern ganz zu uns heruntergekommen, dorthin, wo wir alle Laien sind und wo uns allen das Wort des Heilandes begegnen kann.

Zum Abschluß

Wir haben auf die Geschichten der Bibel gehört, die von Engeln erzählen. Am Ende steht nicht eine Definition, die den Engel, sein Wesen, seine Gestalt, seine Aufgabe definieren könnte. Es hat sich vielmehr als sicher ergeben, daß sich die Engel nicht definieren lassen. Sie weisen, wo sie uns in der Bibel begegnen, auf die Grenze unseres Denkens und Vorstellens, auf die Grenze auch unserer Begriffe.

Die Bibel redet nicht einheitlich von »den Engeln«. Es ist ein nachträglicher Sammelbegriff, der ganz Verschiedenes in sich faßt. Da ist einmal vom Anfang bis zum Ende der Bibel der Unterschied zwischen dem »Engel Gottes«, dem Boten, der mit einem Auftrag Gottes zu einem einzelnen Menschen kommt, und den Dienern Gottes, die seinen Thron umgeben und Gott in seiner Majestät darstellen. Da ist der zweite Abstand von der frühen Zeit, in der vom »Engel Gottes« wie von einer Erscheinungsform Gottes geredet werden kann, zu der späten Zeit, in der zwischen Gott und den Menschen ein ganzes großes Zwischenreich von Engeln angenommen wird.

Es hat sich ergeben, daß die Geschichten und Zusammenhänge, in denen nur sehr zurückhaltend und andeutend von den Engeln erzählt wird, uns mehr sagen und mehr bedeuten können als die apokalyptischen Bücher am Ende des Alten und am Ende des Neuen Testamentes, in denen vor uns eine ganze dramatische Zwischenwelt von Engeln ersteht, weil dies zu einer Spekulation und zum Phantasieren über die Engel verleitet, vor der uns die Bibel selber warnt. Wenn diese breit ausgeführten Engelbilder in die Bibel Alten und Neuen Testamentes aufgenommen sind, so wird das für uns Wesentliche daran sein, daß uns gezeigt wird, wie begrenzt die von uns gesehene Wirklichkeit ist, und daß Gottes Reich mehr umfaßt als die von uns erkennbare Wirklichkeit.

Die Engelgeschichten in der Bibel stellen uns nicht so sehr vor die Frage, ob wir sie glauben oder nicht, als daß sie uns stillschweigend auffordern, bereit zu sein für Gottes Botschaften. Wie diese Botschaften zu den Menschen kommen, das bleibt ganz allein in Gottes Verfügung. Sie brauchen morgen nicht zu kommen wie sie gestern kamen. Aber die Engel, von denen die Bibel spricht, sind die unübersehbare und nicht wegzustreichende Chiffre für die Tatsache, daß wir Menschen auf unserer Erde, auf den Wegen unserer Erde und in den Häusern, die wir uns gebaut haben, nicht allein bleiben, sondern besucht werden.

Die Geschichte aller Gottesbotschaften ist erfüllt in Jesus Christus, in dem Gott sein Volk besucht und erlöst hat. Aber damit, daß Christus gekommen ist, hat Gott nicht aufgehört, seine Botschaften auf die Erde zu senden.

Claus Westermann / Gerhard Gloege
Tausend Jahre und ein Tag
Einführung in die Bibel

Ungekürzte Sonderausgabe in einem Band von C. Westermann »Tausend Jahre und ein Tag« und G. Gloege »Aller Tage Tag«
2. Auflage (6.–8.Tsd.), 566 S., kart.

»Der von evangelischen Bibel-Sachverständigen verfaßte stattliche Band bietet eine allgemeinverständliche Einführung in die Bibel. Auf einen gelehrten Kommentar mit wissenschaftlichem Apparat wird verzichtet. Man spürt aber von Seite zu Seite, wie sehr sich das hier Gesagte auf gründliche Forschungen stützt.«

Das Zeichen

Claus Westermann
Schöpfung

Band 12 der Reihe Themen der Theologie
3. Auflage (14.–16. Tsd.), 176 S., geb.

»Claus Westermann zeigt, wie die ursprüngliche Intention der biblischen Urgeschichte heute ganz neu an Bedeutung gewinnt, weil der durch sich selbst bedrohte und gefährdete Mensch wieder nach seinen Grenzen und über seine Grenzen hinaus nach Anfang und Grund seiner Existenz und Geschichte fragt. In der Deutung, die der Autor gibt, gewinnt der Schöpfungsglaube für den Menschen unserer Zeit die ursprüngliche Dimension zurück: Sinngebung der Geschichte und eine Begründung der bedrohten menschlichen Existenz von Gott her.«

Mitarbeiterhilfe

Kreuz Verlag Stuttgart · Berlin

In gleicher Ausstattung sind außerdem unter anderem im Kreuz Verlag erschienen:

Hildegunde Wöller
einerseits – andererseits – meinerseits
Jeder Tag ist l(i)ebenswürdig

Liliane Giudice
Die Kraft der Schwachen
Über das Kranksein

Liliane Giudice
Das Abenteuer, ein Christ zu sein
Aufzeichnungen eines Laien

Liliane Giudice
Ohne meinen Mann
Aufzeichnungen einer Witwe

Hannelore Frank
Lebenskunst für Christenmenschen
Veränderte und erweiterte Neuausgabe

Hannelore Frank
Leben angesichts des Todes
Veränderte und erweiterte Neuausgabe

Ihr Buchhändler wird Ihnen diese Bücher gerne zeigen!

Kreuz Verlag Stuttgart · Berlin